Simple Rules of the Bestsellers

李鲆＿著

[升 级 版]

畅销书浅规则

成就畅销书的133个细节

金城出版社
GOLD WALL PRESS

图书在版编目（CIP）数据

畅销书浅规则：升级版 / 李鲆著 .—北京：金城出版社，2016.10
ISBN 978-7-5155-1398-0

Ⅰ. ①畅… Ⅱ. ①李… Ⅲ. ①畅销书—出版工作—研究 Ⅳ. ① G235

中国版本图书馆 CIP 数据核字（2016）第 243399 号

畅销书浅规则（升级版）

作　　者	李　鲆
责任编辑	李轶武
开　　本	880毫米×1230毫米　1/32
印　　张	10
字　　数	100千字
版　　次	2017年1月第1版　2017年1月第1次印刷
印　　刷	三河市百盛印装有限公司
书　　号	ISBN 978-7-5155-1398-0
定　　价	49.00元

出版发行	**金城出版社** 北京市朝阳区利泽东二路3号 邮编　100102
发 行 部	(010)84254364
编 辑 部	(010)64391966
总 编 室	(010)64228516
网　　址	http://www.jccb.com.cn
电子邮箱	jinchengchuban@163.com
法律顾问	陈鹰律师事务所　(010)64970501

业内名家推荐

《中国编客》做过一期畅销书封面制作专题，我复印了发给编辑们学习，也因此记住了李鲆这个名字。现在李鲆把他对畅销书的思考结集成书，涉及出版的各个层面，内容更全面丰富，分析更细致深入，有很多精彩的见解，值得出版人参考。

——接力出版社总编辑　白冰

《中国编客》办得很有特色，我一直都在关注，尤其是每期头版的特别策划，对出版业进行剖析观察，贴近实际，注重实操，很有实用价值。这些策划大都出自李鲆之手。现在李鲆将这些内容修补增删，结集成书，内容涉及畅销书运作的各个环节，可为出版编辑的案头工具书。

——海豚出版社社长　俞晓群

出版界对畅销书的研究并不深入，甚至可以说是刚刚开始，很多编辑还未掌握其规律。李鲆结合出版实际，提出了很多新鲜观点，贴近实战，可操作性强，我本人给予较高评价，相信对出版编辑有重要的参考和启示作用。

——新华出版社总编辑　要力石

从事出版20多年，我算是个“老出版人”了，但李鲆对畅销书的系列思考还是常常让我觉得有所触动和收获。李鲆很了解一线编辑的困惑和存在的问题，能针对性地给出解决方案，既有理论基础和大视野，又有很强的实际操作性，兼具广度和深度，值得关注。

——长江文艺出版社副社长、副总编辑　金丽红

我一直想动手写一本怎样做出版的书，算是对自己出版生涯的一个总结。还没来得及写，李鲆已经写了。他的许多想法跟我是一致的。他对出版业和畅销书的思考，是很有价值的。

——华文天下图书公司总编辑　杨文轩

我的第一份工作，就是在《中国图书商报》做专题记者。在出版行业，从《商报》走出了无数人才。李鲆在《商报》这个好平台施展拳脚，编《中国编客》，办“编客学堂”，与各路出版高

手碰撞交流，自己又勤于思考总结，这才有了《畅销书浅规则》。

——北京磨铁图书有限公司创始人　沈浩波

李鲆从营销角度切入研究畅销书现象，与读客“像卖牙膏一样卖书”的思路是一致的，都是更重视产业链的终端，更重视消费者（读者）的心理体验。这是成就畅销书的根本所在。

——读客图书有限公司董事长　华楠

李鲆从传播和营销的角度切入，研究畅销书现象，算是抓住了要害和关键。他对出版各个环节的深入解剖与梳理，使得本书具有很强的实操性，尤为可贵。

——《凤凰周刊》主编　师永刚

李鲆是个注重细节的人，他的《畅销书浅规则》就是从细节入手，对畅销书现象和运作进行剖析，十分实用。而所谓浅规则，其实并不浅，是把艰深的内容系统整理后，用简洁、浅显的语言表达出来，这显然需要更多的努力和更高的功力。

——北京阳光秀美图书有限责任公司董事长　何醒

《畅销书浅规则》这本书，首先是正确的。因为它没有绕开编辑而谈营销，而我一直以为，产品设计才是第一营销。因此，图书的营销第一使命在于编辑部而非营销部，而掌握营销的各类基本准则，实现从编辑职能到营销职能的链接和跨越，不亚于给一个编辑打通了畅行这个行业的任督二脉。

其次，这本书是专业而诚恳的。非常高兴李鲆没有就营销而谈营销，更没有站在云端去哗众取宠地玩概念，相反，海量的实践例证和不厌其烦的细节重现，足以让任何一个挑剔变成赞赏！没有站在一定的高度，没有多年的积累和调查是不可能完成的。

最后，也是这本书最感动我的地方，它是一本浸透了出版情感和行业远见的指导书，其深度和广度早已经脱离了命题轨道，毫不过分地讲，它已然囊括了一个优秀的出版人所必须拥有的全部基因。

——北京白马时光文化发展有限公司总经理　李国靖

对比《畅销书浅规则》，里面谈到的规则和方法，有些是平时自觉不自觉已经在运用了的，但是没有总结归纳，形成规范，这样在工作中难免标准不固定，忽左忽右，影响图书质量，同时也不利于培养新人和传承。从这个角度来说，李鲆所做的其实是“制作行业标准”的工作，是很有意义的。

——北京亨通堂文化有限公司创始人　陆新之

李鲆来上海组织“编客学堂”讲座，我们作为协办方，与他有过长时间的深入交流。他对畅销书及出版业有着深入的思考，许多观点能给人全新的启发。

——华东师范大学出版社社长　王焰

李鲆来我们社里做过一次“畅销书浅规则”的讲座，被同事们评为本年度最贴近实际、最实用的讲座。年底单位开出版论坛，每个人都要发言，许多同事都提到他的讲座，说是特别值得琢磨学习。

——世界图书出版公司北京公司总编　郭力

我曾邀请李鲆来社里给编辑讲课，两小时的讲座，半小时的评点，有理念、有实务，受益良多。《商报》真是有人才，如果李鲆做出版一定会成为行业的翘楚。

——国防工业出版社总编辑　许西安

邀请李鲆来给编辑讲畅销书，他从营销角度切入，给人耳目一新的感觉。内容更是丰富，干货多多，书名、封面、腰封、作者简介、书评写作、创意推广，一一解读。编辑的普遍反馈是：“有意思，挺实用。”

——北京崇贤馆图书有限公司总经理　李克

李鲆来广州做电视节目，顺势请他来出版社给编辑们“传经”，反响十分热烈。出版编辑做书，多是从内容的角度去考虑，李鲆却提供了一个新的视角：如何传播和营销。这给了大家很多启发，可以说是打开了一扇窗，发现了新世界。

——新世纪出版社副总编　翁容

作为编辑，我们常常自然而然地从内容角度来考虑一本书的存在，李鲆却告诉我们，从一开始就要有传播和营销的眼光。他从全新的视角来谈畅销书运作，一定会给出版业带来新的启发。

——专栏作家、花城出版社资深编辑、
电视读书节目策划主持　麦小麦

畅销之外，还有更大空间

李鲆

金城出版社决定再版《畅销书浅规则》和《畅销书营销浅规则》，我又是感激，又是欣喜，又是惶恐。

写作这两本书时，我尚供职于《中国图书商报》(后更名为《中国出版传媒商报》)，主持《中国编客》专刊和每月一次的“编客学堂”讲座，有幸与出版行业精英人士深入沟通交流，受益匪浅。身为媒体人，也采访撰写了大量的相关文字。在此基础上，编辑整理成书，就是《畅销书浅规则》和《畅销书营销浅规则》。

这两本书出版后，得到了诸多业内大家的肯定，也得到了市场的认可。许多出版机构团购了这两本书作为编辑教材。2013年当当网出版类图书销量排行榜上，这两本书几乎持续占据榜首。《畅销书浅规则》更是售出了繁体字版权，成为中国大陆首部在台湾地区出版的出版理论著作。

2014 年，我离开了报社，创办了一家小而美的出版公司。我很庆幸：自己在创业前，曾经对出版行业做过深入细致的研究，这使我少走了许多弯路，少犯了许多错误。同时我也感到愧疚：以我现在的眼光看来，《畅销书浅规则》和《畅销书营销浅规则》写得还是太浅显、不够全面，甚至有些偏颇之处。

借此次再版的机会，我通读了这两本书，顺手做了些有节制的修改，并各自新增加了两万字左右的内容。说“升级版”，算是名副其实。

我本打算大动干戈，将这两本书全面修订一次。后来放弃了。除了时间精力不允许外，主要原因是，我对出版的关注点，早已经不是畅销，而是商业逻辑、盈利模式。

如果我们只把出版定义为出书卖书，这个蛋糕是很小的，再努力提升销量，市场也有限。但如果你用商业逻辑来考量出版，放大格局，把出版放在整个社会环境中，放在整个产业链条上思考，穷尽它的各种可能性，你就会发现，出版其实是一个有无限潜力可以挖掘的行业。

比如一本书可以卖不同的版权，音乐、影视、动漫、电影、游戏；可以开发周边产品，比如手办、玩具公仔、文具、形象代言；你可以把出版当成服务业，为其他行业、作者提供增值服务，从中分得一块蛋糕；也可以把出版当成一个内容版权的收集行为，你出书是为了版权储备，有了版权，你可以去做许多事。

你完全可以由出版切入其他领域，有更大的发展空间。

2014 年，我为海豚传媒做了一个三天的出版讲座，主题是“做最赚钱的出版：商业逻辑下的出版 8 堂课”。若有时间，我会把它整理成文字，出一本书。

2016 年 3 月

解读畅销书密码

孙月沐

许多出版人可能都有这样的经验：自己十分看重、精心打磨的图书，上市后销量却很一般；相反，一些自己没当一回事，甚至根本看不上眼的书，却高踞畅销书榜。

畅销书是不是不可预测？《中国图书商报》（现为《中国出版传媒商报》）2011 年创刊的《中国编客》，先后以多期专题的形式，对这个问题从不同的角度进行了探讨。李鲆作为《中国编客》的编辑，勤于思考，善于总结，在专题的基础上，深入研究，试图寻找到畅销书的关键密码。

一本书是否能畅销，固然有其不可测因素，但也有其规律可寻。出版人要做的，就是找出规律，按规律操作。这样才能有的放矢，不至于陷入理论和实践的泥沼。

怎样判断一本书的畅销潜质？在《畅销书浅规则》里，李鲆提出了一个有趣的“3214 法则”：一本书能否畅销，除不可测因素外，作者（或主人公）的知名度占 30%，主题（写的是什么）占 20%，品质（写得怎么样）占 10%，另外 40% 是出版商的策划营销功力。“3214 法则”看似简单，其实算得上是一个创新，它有效澄清了出版界关于畅销书一些模棱两可的认知，为编辑在畅销书运作程序上提供了可借鉴的坐标。

对于广大一线编辑来说，本书最大的优点，还在于其实操性。书中关于畅销书封面制作、腰封制作、图书营销创新思维等一些内容，先在《中国编客》上发表过，受到业内的广泛关注和好评。有多家出版机构将相关版面复印出来，给编辑们人手一份学习。随着《中国编客》影响力的扩大，先后有多家出版社请李鲆去讲课，反响也都很好。

这些内容之所以会受到欢迎，是因为李鲆善于找到入口，针对图书出版的最受人关注的环节，从细节入手，将每一个细节都做到极致。不务虚，不空谈理论，不纠缠观念，就一个个具体的问题做深、做透、做具体。

李鲆的后面是《中国图书商报》这样一个专业的平台，《中国编客》为他提供了一个很好的观察与思考的机会。他作为《中国编客》的编辑和“编客学堂”讲座的主持人，有幸结缘了一批国内顶尖级的出版大家，吸纳各方经验，总结、归结、梳理，才有了这本书。从这个层面上来说，本书不仅是李鲆的个人专著，更是国内最前沿出版理论的观点聚合。

[原版推荐序一]

李鲆是一个很用心的人。他关注一线编辑在实际工作中遇到的问题和困惑，有针对性地推出各种策划，关注出版的各个环节和细节，提供实用的技术手段，使此书成为贴近当下出版现状的畅销书实操指南，不仅对出版编辑有用，对广大写作者也有借鉴价值。

《中国图书商报》一直提倡“专家办报”，李鲆正是这一理念的积极践行者。我们正是因为有了一群像李鲆这样的专家型编辑，才办出了深受业内好评的报纸。

希望这样的专家型编辑更多一些。

希望这样对出版人有用的书更多一些。

2012 年 11 月

（作者系中国出版传媒股份有限公司副总经理，

中国出版传媒商报社社长）

畅销书的浅规则与深思考

李国靖

一直以来，都盼望出版行业能有一本关于畅销书的实战指南，但可能碍于“同行相轻”或“商业机密”的原因，你所能看到的“成功秘笈”都是极少数畅销书的，且里面的总结多是被夸大和刻意列举的，往往那个四两拨千斤，最关键的一招被掩盖在真相的背后。即使你看了，最后也还是云里雾里。

然后，就等到了《畅销书浅规则》。依然存在担心，害怕创作者的“傲慢与偏见”。“傲慢”是居高临下的姿态，容易就畅销书而论畅销书，失去对市场本质的窥探，毕竟畅销书里也有很多投机的产物；“偏见”是徒有一知半解的激情，在一点小格局里玩文字游戏，纵然妙笔生花，却也多是自娱自乐，以偏概全，不会给人太多思考的通道。

再然后，我却是一口气读完了这本书。有种相见恨晚的暗喜，因为发现很多文章和见解来自于业内第一报《中国图书商报》里的金牌栏目《中国编客》，那是一个行业内公认的出版人最佳交流平台。的确，我以及我身边的同行经常把某期《中国编客》的内容复印下来，给编辑们传阅和学习。而现在，作为《中国编客》专刊的主持人，李鲆用非常专业的视角将之编辑成册，将各家畅销书的经验和理念融会贯通，化繁为简，形成了一套便于检索和学习、通俗易懂的编辑营销体系，且提出了很多诸如“3214 法则”的独到见解，“浅规则”之外给人很多“深思考”，功力之外更见功德。

首先，这本书是正确的。因为它没有绕开编辑而谈营销，而我一直以为产品设计才是第一营销。因此，图书的营销第一使命在于编辑部而非营销部，而掌握营销的各类基本准则，实现从编辑职能到营销职能的链接和跨越，不亚于给一个编辑打通了畅行这个行业的任督二脉。所以李鲆不厌其烦地从书名介绍到封面，从封面介绍到腰封，殊不知，成功的细节就在那里。

其次，这本书是专业而诚恳的。非常高兴李鲆没有就营销而谈营销，更没有站在云端去哗众取宠地玩概念，相反，海量的实践例证和不厌其烦的细节重现，以及独树一帜甚至不失幽默的归纳总结，足以让任何一个挑剔变成赞赏！没有站在一定的高度，没有多年的积累和调查是不可能完成的。

最后，也是这本书最感动我的地方，它是一本浸透了出版情感和行业远见的指导书，其深度和广度早已经脱离了命题轨道，毫不过分地讲，它已然囊括了一个优秀的出版人所必须拥有的全部基因。

李鲆现在又出版了《畅销书营销浅规则》，针对图书营销的理念、实操、创新进行解析，相对于《畅销书浅规则》里提到的营销，显然更加深入、细致，实操性也更强。出版是个博大精深的领域，任何一个细节都有无限的空间可供挖掘。期待李鲆有更多、更好的作品出现。

（作者系北京白马时光文化发展有限公司总经理）

畅销书的“3214法则”

一本书能否畅销，除不可测因素外，作者（或主人公）能整合的社会资源（包括知名度）占 30%，主题（写的是什么）占 20%，品质（写得怎么样）占 10%，另外 40% 是出版商的策划营销功力。

这就是畅销书的“3214 法则”。

绝大多数畅销书，总是出自少数出版人之手

伊珂（Ecco）出版社总裁丹尼尔·哈尔彭说过这样一段话：

“除了少数极为明显、极易判断的作品之外，出版界的人从来就无法事先知道哪一本书会大卖，哪一本书会赔得很惨。一本质量上乘的好小说，可能只卖出 7500 本，也可能售出 75000 本都说不定。”

尽管哈尔彭是出版界前辈，但我还得说句冒犯的话，哈尔彭此言，并不值得信任。

——如果你是汽车制造商，即将推出一款新车，但你不知道市场是否接受它；

——如果你是电脑制造商，生产了一款新电脑，但你不知道消费者会不会买账；

——如果你是手机制造商，研发了一款新手机，但你不知道会有多少人去买它。

这岂不是有点儿戏？

我们一定会有这样的基本认知：这样的制造商，关张大吉是迟早的事。

奇怪的是，到了出版业，居然就能有不少编辑，包括像哈尔彭这样的大鳄，理直气壮地说：

“书的销量是不可预测的。我策划编辑的书能不能畅销，能卖多少，我不知道。”

——像话吗？

凭什么其他行业对市场和销量会有基本的预测和评估，做出版的就不行？

接力出版社总编辑白冰认为，畅销书是可以预测、可以按计划操作的。

一个成熟的出版人，他策划一本书，从一开始，就会对销量有一个大致的估计。如无大的意外，实际销量与估计销量相差不会太多。

长江文艺出版社副社长、副总编辑金丽红和世纪文睿总经理、总编辑邵敏都表达过类似的观点：一本书成功与否，并不是看销量多少，而是看预期和结果是否一致。

有一个事实是：绝大多数畅销书，总是出自少数几位出版人之手。

如果这是运气，那他们的运气也太好了吧。

通过分析畅销书榜，使自己成为畅销书作家

美国作家尼古拉斯·斯帕克斯是个很有意思的人物。

他通过分析畅销书榜，规划自己的写作方向，最终使自己成为畅销书作家。

他用了很长时间去观察《今日美国》的前50名畅销书榜，得出了两个重要结论：

第一，上榜的重要原因是作家的名字，即知名度越高的作家越容易上榜；

第二，每个图书类型都可以细分为次类型，比如惊悚小说可细分为法律惊悚、科技惊悚等，而每个次类型，通常会有三位著名作家上榜。

随后，他惊喜地发现，在爱情故事这个领域居然还没有形成三巨头，只有罗伯特·詹姆斯·沃勒一个人在写。

于是，他以自己太太家族的一个真实故事为蓝本，写出了

《手札情缘》，一炮打响，由此跻身畅销书作家之列。

随后，他又写出了《忠实信徒》《瓶中信》《流星初恋》《第一眼》等畅销小说，几乎所有作品都被好莱坞改编成电影，且拥有多国译本。他也因此成为美国最著名的浪漫小说作家，被称为美国“纯爱小说教父”“纯爱小说天王”。

郑渊洁也有过类似的经历。

他刚写作时，写过很多种文体，诗歌、散文、小说，但最终决定去写童话，原因是，他觉得童话有着广阔的读者群，而当时真正写得好的人并不多，竞争比较小。

这一决定，成就了一位“童话大王”。

尼古拉斯和郑渊洁的经历证明了一点：

畅销书并非“雾里看花，水中望月”，而是有规律可循的。

按规律操作，就容易畅销。

这一规律，出版者能够掌握，作者也可以掌握。

用“3214 法则”，判断一本书的畅销潜质

一本书能否畅销，当然由许多因素决定，但我们可以用一个简单的比例来进行初步判断：

作者（或主人公）能整合的社会资源（包括知名度）占 30%，主题（写的是什么）占 20%，品质（写得怎么样）占 10%，另外 40% 是出版商的策划营销功力。

这就是我总结的畅销书的“3214 法则”。

照此法则，基本上能够判断出，某一本书是否具有畅销潜质。

作者知名度十分重要。越有知名度的人，能整合的社会资源越多。同样一本书，作者是名人或者写的是名人，肯定会比普通书容易畅销。据报道，当年刘晓庆的自传《从电影明星到亿万富姐》还没开写，仅仅这个书名就卖出了 108 万元的版税，要知道那可是 1995 年，这个数字堪称天价！出版商如果对销量没有信心，肯定不会愿意下这么大的血本。

“写什么”比“写得好”更重要。有些作者写得很好，但永远不会畅销，就是因为题材选择得不对。金丽红举过一个例子，冯小刚和姜文都是知名导演，但前者的《我把青春献给你》卖了 60 多万册，后者的《骑驴找马》和《长天过大云》的销量连前者的零头都赶不上。究其原因，冯小刚写的是读者喜闻乐见的事儿，谈葛优、说徐帆、讲故事、侃段子，贴近普通大众；姜文却坚持要以导演视角谈创作，写的都是些与电影有关的很专业的东西，销量当然不会太好。

甚至同一作者，写的不同题材，销量也会有天壤之别。比如钱锺书，他的小说《围城》卖了 400 多万册，是绝对的畅销经典，但学术著作《管锥编》倾注了他毕生心血，堪称一部“国学大典”，销量与前者却根本没办法比。

策划营销功力十分重要，甚至可以说，出版者的策划营销功力，对一本书是否畅销，起着决定性的因素。一本有畅销潜质的书，落到一个不靠谱的编辑手里，也一样会死得很难看。松本清张曾有一部长篇悬疑小说叫《球形的荒野》，早在10年前，国内就有出版社引进版权，以原名出版，但销量十分惨淡。2012年，有出版商改书名为《一个背叛日本的日本人》重新出版，一炮走红，“空降”全国各大图书畅销榜——改个名字就能畅销，这就是策划的功力。

有时候，我们甚至只要看看是谁操刀出版的书，就基本能断定它是否能够畅销。比如读客出品，基本上每本都是畅销书。

应该指出的是畅销书有常量，也有变量。某部电影热映，带动相关图书大卖；某作家获了大奖，他的相关作品也会走红，这些都是不可预测的因素。编辑能做的是，尽量把自己能掌控的事做好，每一个细节都做到极致，自然对图书销量有帮助。

需要强调的是，“3214法则”并不是特别严谨的比例。只是，它可以为出版者、写作者提供初步的、简便易行的标准，让你在短时间内判断一本书是否有畅销的可能。这个标准当然比较粗糙，不过相关的细节我们在本书中会不断深化。

对于写作者来说，“3214法则”也许会提供别样的思路：作者不只应该闷头苦写，也应该想办法提高自己的知名度、选择更好的题材以及选择合适的出版方合作，这些对自己成为畅销书作者大有裨益。

2013年10月

目录

contents

第一章　厘清畅销书的14条谬论

第二章　造就畅销书的13大原则

第三章　构成畅销书的23个元素

第四章 图书营销的15个创新思维

第五章 畅销书书名制作的21条法则

第六章　畅销书封面制作的18条军规

第七章　畅销书腰封制作的12条法则

第八章　畅销书封面文案的10种写法

第九章　图书7大渠道对图书产品的影响

Chapter 1

第一章

厘清畅销书的14条谬论

关于畅销书（以及出版），我们往往会信奉一些似是而非的理论。

正是这些理论禁锢了我们的思想，影响了我们的认知，使我们与畅销书擦肩而过。

请注意！

你所信奉的那些理论，很可能都是谬论！

本章选出最常见、最有代表性、也是危害最大的14条谬论，逐一进行论述。

谬论 1

能不能畅销，编辑不知道

正解：畅销书有其变量，即不可预测的部分；但也有其常量，即编辑可以掌控的部分，且后者占绝对比例。

常听业内人士说，图书出版业最难预测，有时你看好的重磅作品却表现平平，不留意的作品反而一路畅销。

日本著名畅销书推手井狩春男对“畅销书不可测论”十分不以为然。在《这书要卖100万：畅销书经验法则100招》中，他写道：“有人公开指出‘出版业变化无常，难以捉摸’云云，我觉得这种观念不可取；即使变化无常也存在必胜的法则，这就是我想说的畅销书方程式！”“推动畅销书的编辑都有一个共同特性：他们既能彻底分析畅销书为何畅销，也不会浪费时间自困愁城。”

如果我们把图书当成商品来讨论的话（事实上，图书在拥有文化属性的同时，的确拥有商品属性，而畅销书更突出商品属性），那么图书的编辑制作过程就是在生产商品。你需要知道消费者（读者）在哪里，基数有多大，知道他们需要什么、缺乏什么，了解他们的消费心理，生产出合格的产品来，然后辅以高明的营销，及时准确地抵达他们、影响他们、引领他们。

可惜的是，目前许多编辑只是“闭门造书”，凭自己的兴趣爱好做选题，并不了解市场和读者。

所以才会有“畅销书不可预测”这一谬论。

不可测论，其实是在掩饰自己与市场的隔膜、与读者的疏离以及营销能力的匮乏。

我干脆直说了吧，就是编辑自己无能，又不肯、不敢承认。

畅销书有其变量，即不可预测的部分；但也有其常量，即编辑可以掌控的部分，且后者占绝对比例。

斯宾塞·约翰逊（《谁动了我的奶酪》作者）有个著名的问句：“如果你只写自己想写的书，而不是读者想读的，那你诉求的对象是自己而非读者，这样怎会成功？”

把“写”换成“编”，把作者换成编辑，这个问句同样适用。

以读者为导向，树立畅销书可以预测、可以评估的信心，按照运作规律去做，才有可能不断地制作出畅销书来！

谬论 2

只要能畅销，一定会赚钱

正解：高利润必有高风险。畅销书如果操作不当，也可能会赔得一塌糊涂，甚至是血本无归。要控制成本与印数，掌握好赚钱与赔钱的临界点。

有统计数据表明，畅销书在出版社的出书品种中所占的比重虽然仅在 20% 左右，但产生的销售收入和利润却占到 80% 左右。

同样编辑制作一本书，卖一万册与卖十万册比，后者当然利润丰厚得多。

谁都知道，一万册与十万册比，编辑、排版、封面设计等诸多环节的成本是一样的，也就多一些印刷的成本和稿费的支出（如果是一次性买断的合同，连稿费都不会增加）。所以一本销到十万册的书的利润，并不是相当于你出版了十本一万册的书，而是可能相当于出版十七八本（甚至更多）一万册的书。

对于许多出版商和出版编辑来说，只要能出一本畅销书，就够吃一年，甚至吃几年了。

某出版社编辑策划过一本销量过百万的畅销书。这书是六七年前出版的，现在还在不断再版。这位编辑每年从这本书里拿到的奖金和提成，远远超过该出版社社长大人的薪水。

畅销书利润如此丰厚，引无数编辑竞折腰，难怪大家全铆足了劲儿，就想出畅销书。

但是也要小心，畅销书未必就一定会赚钱，如果操作不当，也可能会赔得一塌糊涂，甚至是血本无归。

原因很简单。畅销书前期投入，必然比常规书要高得多。畅销书的作者往往有很高的身价，特别是在目前大家都在疯狂争抢畅销书作者的情况下，作者的身价往往会被炒得过高。

某出版商签过一个作家，他的书正常销量也就是 50 万册，合同却是 130 万册首印，版税也远远高于正常价。除非出现奇迹，否则这书是铁定赔钱的。

畅销书为了确保渠道覆盖，往往需要比较高的首印量，如果对市场把握不准，并没有销出那么多，最后出现大量退货，那也会赔得一塌糊涂。

所以有出版商就比较谨慎，尽量压缩首印量，看市场反馈情况再决定是否加印。

这样也未必就完全没有风险。某本书本来卖得不错，发行商要求加货，出版商赶快加印，形势一片大好。但是市场还是有限的，到了某个节点，市场饱和了，“哗”的一声，各地纷纷退货，前面赚的后面全得赔出来，出版商就只有抱头痛哭的分了。

谨记：高利润必有高风险，畅销书更可能会赔钱。

一本书做死一个公司的事，大家应该是常有耳闻吧。

还有些公司，在成立之初，会不惜代价做一两本畅销书，就是为了迅速树立企业形象，在业界打出牌子。这些书是不是赚到了钱，就不必深究了。

谬论 3

只要傍名人，一定卖得好

正解：名人书是会比普通的书销量好一些，但畅销书是一个综合的工程，仅凭名人不足为卖。

在“3214 法则”里，我提出一个观点：一本书能否畅销，作者（或主人公）的知名度决定 30%。

引申一下，甚至有名人推荐的书，也会比普通的书要好卖一些。

但这并不表示，名人书就一定会卖得好。

只能说，对于同样主题和内容的书，在策划营销团队的功力和所下功夫差不多的情况下，名人书会卖得好一些。

名人书做得不好，也一样会死掉。

“3214 法则”说得很明白，编辑的策划营销功力与作者的知名度同等重要。一本有畅销潜质的书，让一个不靠谱的编辑去做，基本上下场都会很惨。

选题和内容也很重要。选题不当，内容粗糙，只卖人名，也很难畅销。

还是要强调一下，畅销书是一个综合的工程，是由作者、编辑、营销、发行、渠道等共同打造的，任何一个环节有问题，都有可能是致命的。

打个未必恰当的比方，一个人向前迈出一步，需要神经、肌肉、骨骼、血液等多方面的协作，任何地方出了毛病，哪怕其他部分都是完好的，甚至是优秀的，也都会影响行走。

还要警惕那些身价虚高的名人：一种是曾经很有名，但现在已经过气了；另一种是的确有身价，但是炒得太高了。做这两种名人的书，风险都很大。

某出版商出版某老作家的书，开出了很高的版税和首印量，以为凭老作家的名气就能狂销多少多少万册。结果，这位老作家虽然知名度很高，但已经过气，销量甚至不如现在稍微有点名气的作者。出版商赔得一塌糊涂，把好几年的盈利都贴进去了。

某出版商争抢某知名作家的新书，开出了天价版税，结果出一本赔一本，一个系列没有出完就被迫停止。

井狩春男说，从严格意义上来讲，不存在仅靠名字就能卖多少万册的作者。迷信大牌作者，可能会死得很惨。

谬论 4

卖够5万册，就是畅销书

正解：以销量论是否畅销，并不算科学。通过策划营销，把本来只能卖一万册的书卖到两三万册，才见编辑的功力。

关于卖多少本才算畅销书，一直没有一个统一的标准。

新华出版社总编辑要力石在《畅销书策划 88 法》中写道："通常认为，一年内累积发行 5 万册左右的是一般畅销书，20 万册以上是比较畅销书，达到 50 万册或者 100 万册的是超级畅销书。"

不过近年来图书市场的整体趋势是图书品种在增加、单品销量却在减少。一本书卖到三万册，通常大家也就认为算是畅销书了。

前些年确实容易出超级畅销书，动不动就能销到数十万、上百万册，不过其原因大概要归结为当时图书市场缺口比较大，读者没有什么书读，做一本像样的书就容易畅销。这些年图书品种越来越多，想要脱颖而出就不是太容易。很多书的首印量都不超过一万册，能卖到三五万册，的确是不错的业绩了。

不过还是要说，以销量论是否畅销，并不够科学。

美国《不列颠百科全书》（国际中文版）对畅销书是这样解释的：一个时期内，在同类书的销量中居于领先地位的书，作为表明公众的文学趣味和评价的一种标志。

也就是说，不管你最终销量是多少，只要在同类书的销量中领先，就是畅销书。

如果同类书销量正常只有三五千册，而你能销到一万册，那就是当之无愧的畅销书。

井狩春男则认为，不论印量多少，只要出版社能把书卖给“想要阅读”或者“应该需要阅读”的读者，即使该书印量不多，只要能全部卖出，一本不剩，那这本书就是畅销书。

发行多少才是畅销书？他的定义是两点，一是卖给了想要的读者，二是一本不剩地卖出去了，这就是畅销书。

如果有个作者，正常出一本书销量都有七八万册，但是你策划责编的他的新书只卖到了五万册，这个数字倒是不小，但对于你和作者来说，都是耻辱。

相反，如果有一本书原本只能卖一万册，但通过策划营销能卖到两三万册，这绝对能算是畅销书了。

把一本似乎没有什么卖点、没有多大读者群的书做成畅销书，才更见编辑的功力！

谬论 5

大报发书评，才是畅销书

正解：大报书评版上推介的书，并不代表其有市场价值。“叫好不叫座”与“叫座不叫好”，一直是书业的两大常态。

出版编辑关注大报的书评版，了解出版动态，这本来是无可厚非的事。如果以书评版为导向，以为发了书评的书就是畅销书，那就大谬特谬了。

同样，营销编辑把主要精力用在书评版上，一定要让自己的重点书发了书评，才觉得工作到位，觉得书会热卖，这种想法也不够靠谱。

书评版上的书，与畅销书并不是一回事——最起码，不完全是一回事。

书评版推介的书，并不代表其市场价值。

上不了书评版的书未必就卖不好。

事实上，书评版绝不推荐却卖得极好的书大有所在。

书评版往往是有自己独特价值观的。

相对来说，名家的、文史类的、思想科学类的、社会热点的、有话题性的书，比较容易上书评版面，但这类书未必就一定卖得好。

相反，那些容易销得好的类型小说，特别是悬恐类、武侠类、官场类、穿越类，往往很难发书评。

盗墓小说一度火爆得不得了，但是有多少书评版正经推荐过？除非它成为一种文化现象或是社会现象，会作为新闻或深度报道。但单本书发书评的，还是少之又少。

当然，书评版上有些书还是很有销量的，比如名人书。但既叫好又叫座的并不多。“叫好不叫座”与“叫座不叫好”，一直是书业的两大常态。

书评版的读者，相对文化修养比较高，比较少阅读娱乐消遣类书籍。而娱乐消遣恰是畅销书的重要组成部分。

尽管我现在混在媒体圈，但还是要提醒诸位出版编辑：

不要只盯着大报书评版，而是要有更宽阔的眼界，更精准的读者定位，以及更有效的营销手段。

谬论 6

上了排行榜，就是畅销书

正解：各个书榜，往往都是综合、平衡的产物，都要体现自己的价值观。即使是纯以销售数字说话的排行榜，也可能被种种手段操控，不必迷信。

在美国，对畅销书有一个特别客观的衡量标准，那就是畅销书排行榜。

但我们不得不遗憾地说，目前中国还没有哪个畅销书排行榜能像美国的一样权威。

国内的畅销书排行榜，大概有这么几类：平面媒体读书版面的综合排行榜；门户网站读书频道的排行榜；网店的销售排行榜；专业机构经过调查综合后的排行榜；还有一些书店，特别是独立书店也会公布自己的销售排行榜。

如果我们对比同一时期、不同机构出品的排行榜，就会发现，上榜的图书并不尽相同，有些甚至相差甚远。

透露点内幕吧：各个书榜，往往都是综合、平衡的产物，都要体现自己的价值观。

有些销量极好的书，如果导向不正确，或是品质太低，是上不了排行榜的。而上了榜的图书，也未必就一定销得好。出于某些可说的或是不可说的原因，销量平平的书上了书榜，也是有的。

统计渠道不同也是一个原因。各家排行榜数据来源，有的偏于新华书店，有的偏于二渠道，而且还有些渠道很难统计到。

相对来说，网店的销售排行榜比较靠谱，因为那是根据自己的实际销量而产生的。但是因为存在“打榜”这个怪胎，也就不太好说了。金丽红说过，凡是发现某本书突然高踞榜首，随后又突然消失不见，可以肯定是打榜的产物。

不过，你若是能多看几家排行榜，认真对比、分析，还是基本能够确定哪些书是在畅销的。

谬论 7

必须高品质，才能够畅销

正解：低品质的书照样可能畅销，因为它突出了图书的商品属性。“写什么”要比“写得好”更重要。

请回过头来温习一下“3214 法则”。

品质，即一本书写得怎么样，只占畅销比例的 10%。

一本书能否畅销，并不单纯由品质决定。

事实是，许多粗制滥造的书也卖得极好。

比如绝大多数“编著”的书就是复制粘贴改版权的产物，但因为找准了读者和卖点，也一样能畅销，而且可能比大多数高品质的原创书都卖得好。

很残酷，很悲哀，但这是现实。

我们必须正视现实。

烂书卖得好，是因为它突出了图书的商品属性。

传统出版往往只强调图书的文化属性，而对它的商品属性讳莫如深。传统编辑常有文化人的清高和优越感，认为自己是在做文化，而非做商品。所以，就只在提升图书品质上下功夫，而没有考虑读者需求，以及怎样让自己的心血之作抵达读者。

如果你立志要做畅销书，那就要强调、突出书的商品属性，要把商品属性放在第一位。

请记住，你做出来的首先是商品，其次才是书。

商品当然要高品质，但消费者购买的并不只是品质。

我们喜欢吃水果，是因为水果有营养吗？没错，水果的确有营养，多吃水果对身体有好处。但是对于病人来说，吃药对他的身体更有好处，问题是，有人喜欢吃药吗？

喜欢吃水果的主要原因，其实是因为水果好吃。不喜欢吃药的原因，是因为药难吃。

畅销书应该是水果，而不是药物。

谬论 8

只要会炒作，就能够畅销

正解：畅销书的确需要宣传和营销，但仅凭炒作并不能够成就畅销书。能炒作出来的书，是因为它有炒作的价值。

一本书销量平平，责编和作者常会怪罪营销编辑，认为他们宣传没做好，没把这本书“炒”起来。

的确，许多人都有这个看法，畅销书是要靠炒作的。只要会炒作，就能够畅销。

真的是这样吗?

数年前，某作家新书出版，出版方全力以赴宣传，除常规营销外，还搞出了种种噱头，一时间全国各大媒体纷纷报道，其炒作能力不可谓不强，结果却并不明显。某报记者甚至不无讥讽地写道 :《××××》的宣传攻势可以用铺天盖地来形容，但销量却还是平平，畅销榜上未见其踪影。

请再次温习一下“3214 法则”，一本书能否畅销，策划营销推广的功力（仅）占 40%。

陈颖青（台北猫头鹰出版社社长）说："每本书都有自己的天命，并不是每本书给予强力促销就会变成畅销书。"

酒香也怕巷子深，畅销书的确需要宣传，需要营销。但一本书之所以能畅销，是由多方面因素决定的。仅凭炒作，不可能成为畅销书。

能炒作出来的书，是因为它有炒作的价值。

没有炒作价值的书，怎么炒也炒不起来。

刻薄点说，一坨狗屎，再炒也是狗屎啊。

相反，有些书基本没做太多营销炒作，几乎只是依靠口口相传，就火了起来。

谬论 9

跟风畅销书，就能够畅销

正解：跟风书有好坏之分。跟风书做好了，甚至可能比原版书更有价值，卖得更好；差的跟风书往往来不及速荣，就已经速朽。

跟风出版其实是书界很普遍的现象。

对于跟风出版，不同的人有不同的看法。浙江大学出版社原社长韩兆熊教授认为："出版跟风是一种不劳而获的行为，与图书出版的创新和开拓精神背道而驰。"

井狩春男却对跟风出版持赞赏和提倡态度。他说："我是泥鳅书（也就是跟风出版的书）的支持者。我希望多出泥鳅书，跟原创书一起大卖特卖。"他甚至认为，所有新出版的书，其实都能从已出版的书中找到许多类似的，"说得极端点，所有的新书，都是泥鳅书"。

跟风畅销书，的确很容易卖得好。因为已经有原版书充当先锋，开拓了市场，可以少许多风险。有些跟风书也能成为畅销书。《女人不"狠"，地位不稳》热销后，有本叫《男人不狠，地位不稳》的跟风书，也上了畅销书榜。

但这并不是说，只要跟风畅销书，就能够畅销。

跟风书也有好坏之分。好的跟风书，是在跟风中有所创新，能够细化和开拓市场；是在原版书的基础上扬长避短，更上层楼。跟风书做好了，甚至可能比原版书更有价值，卖得更好。

差的跟风书，则是低级的、粗劣的模仿，不仅克隆原版书的话题、封面、文字，甚至连封面、书名也几乎完全相同，内容上则是东拼西凑，粗制滥造，看了让人倒尽胃口。

就我所知，当下的跟风书中以后一种居多。

有人说跟风出版是速荣速朽，其实这个评价还是高了点，绝大多数的跟风书，速朽是真的，问题是，根本也就没来得及速荣那么一下。

无论是低水平的克隆还是高质量的开拓，跟风出版都需要手疾眼快。跟风要趁早，要有敏锐的眼光和迅捷的速度，慢那么一慢，黄花菜就凉了。

谬论 10

出版流水线，编辑只管编

正解：书印出来以后再考虑营销，为时已晚。要把营销思维贯穿图书的整个出版过程中，每一个细节都要考虑营销需要。

经常会有做出版的朋友，带着新印出的样书来讨主意："我们该用什么办法，把这本书宣传推销出去呢？"

我通常会尽可能提供一些营销思路，但内心的真实想法是："唉，已经晚了。你都把书做出来了，它能不能卖基本已经定型了。为什么不在图书制作之初就考虑营销呢？"

在大多数出版社、民营公司内部，往往会有这样的情形：编辑和营销、发行是脱节的。整个出版流程好比一条流水线作业，大家只是做好自己负责的这一块工作就算完事。营销并不参与图书前期制作，而编辑在制作图书时，也很少考虑销售的需要。编辑把书制作出来了，再交给营销去推广。

而到了这时，往往为时已晚——你已经把一堆黏土烧成了粗陶碗，再能干的营销也不能帮你忽悠出青花瓷的价钱啊！

强调一句：书印出来以后再考虑营销，已经太晚了！

编辑应该把营销的思维贯穿图书的整个出版过程中，包括图书策划、书名、图书简介、作者简介、序与跋、封面设计、腰封等诸多细节，都要考虑到读者，考虑到销售。

我见过这样“负责任”的编辑，会用一小时去琢磨某个字、某句话是否合适，会跟作者打十几个电话核实某一个细节，但却根本没有考虑读者定位、读者心理以及怎样让书抵达读者。对于书名、封面文案、内容简介、作者简介之类也完全无视，往往是作者给过来的是什么就用什么。

我不得不说，这是极不负责的。

编辑的主要任务并不只是审读书稿，编校文字，更重要的是找出书的卖点，以合适的形式来呈现它。

我的建议是，责任编辑起码要分配 30% 的精力来找卖点、做文案，而不是只把心思花在编校内容上。

谬论 11

营销之存在，只为多卖书

正解：营销的目的不只是为了提升单品销量，更重要的是树立品牌，打造企业形象。做到“XX出品，必属优品”就算成功了。

常见编辑把某本书销量不佳怪罪于营销编辑，认为他们不给力，埋没了好书。这抱怨即使不好说没有道理，起码也是证据不足的。

营销编辑所做的事，主要是锦上添花，很难起死回生。

一本书如果本身有卖点，有较大的读者群，营销宣传的确对销售很有帮助；如果这本书本来就没有多少读者，或者做得很差，营销也很难妙手回春，让它成为一本畅销书。

所以，一本书卖得不好，还是要更多地从编辑自身找原因，而不是把问题都推给别人。

同时，相对于编辑和发行，营销的工作和效果是很难量化的。编辑编了多少万字、出了多少本（或码洋）书，发行铺了多少货、收了多少回款，这都是可以量化考核的；但营销对一本书销售作用有多大，很难说得清楚。

有些出版社或民营公司对营销编辑有相对严谨的考核，如发了多少家书评书讯、有多少家连载、多少个封推之类，但这些对于书的销量究竟有多大促进作用，起码就目前来说，还是很难考量的。

营销的目的，并不只是为了提升单品销量，更重要的是树立品牌，打造企业形象。

营销编辑应该尽力地做好每一本书的宣传推广，但更应该有更高层面的视角，将企业作为一个整体推出。

做到“× × 出品，必属优品”，就算成功了。

谬论 12

填补空白点，就能够畅销

正解：现在出版业基本进入成熟期，市场上的空白点往往不会是新大陆，很可能是禁忌和陷阱。

常有编辑兴高采烈地说，他发现了某个选题，市面上还没有人做过。填补这个空白，做出来的书一定能畅销。

通常情况下，我都会浇上一盆冷水：省省吧，做出版的有多少大佬、多少聪明人，如果还有漏儿，凭什么人家都看不到，让你去捡？

这话说得刻薄了点，极端了点，但我自认为，还是有点道理的。

出版业发展到现在，基本上进入了成熟期。早期跑马圈地的盛况不复存在，能做的领域和选题，差不多都有人做过了。现在需要做的，是更细分、更深入、更专业，而非随意冒险。

当然也得承认可能还会有市场的空白点，但是必须强调，空白点已经极少。

对于一个不是特别成熟的出版人来说，你所看到的空白点，往往不会是新大陆，而是禁忌和陷阱。

凡事利大，则风险也大。畅销书也不例外。欲做畅销书，还是要谨慎些啊。

谬论 13

只要能畅销，就值得效仿

正解：许多畅销书会有各种毛病，并不是它畅销了，它所有的做法都值得效仿。

并不是所有的畅销书，都符合畅销书的（所有）法则。

对比一下“畅销书书名制作的 21 条法则”（见本书第五章），《哈利·波特》这个书名，符合哪一条？但人家就是能畅销，还有没有天理？

市面上某一本畅销书，就一个封面，我起码可以挑出五六处明显的毛病，有些甚至是十分低级的错误，但人家就是卖得好，你有什么办法？

有些严重违反（部分）畅销法则的书，也能够畅销，除了某些不可预测因素外，主要原因是，它在某些方面畅销的潜质太大，即使在制作手法上有某些失误或者不符合畅销书规律，也一样能够畅销。

还以《哈利·波特》为例，以罗琳现在的名气，她随便写点什么、随便起什么样的书名、做什么样的封面设计，都不会卖得差。她的转型之作《偶发空缺》，国内甫一上市，便登上畅销书榜，且被各媒体评为年度好书，就是明证。

这就好像一个超级美女，即使穿衣打扮随便点，甚至根本不做妆饰，也照样动人。

如果是个姿色平常的女子，还是用心捯饬一下自己比较好。

许多畅销书会有各种毛病，并不是它畅销了，它所有的做法都值得效仿。

说一段可能比较拗口的话吧：畅销书自有其标准——各个细节都有标准。按畅销书的标准去做，未必能畅销，但会增加畅销的可能性；没按标准去做，未必就一定不能畅销，但畅销的可能性会变小。

谬论 14

图书卖不好，全是体制病

正解：将一切失败都归于外因是一种典型的Loser的思维。即使体制有问题，编辑依然可以努力提升自己，尽可能做到最好。

常听出版社的朋友哀叹：

“我也想做市场书，可是体制有问题啊。领导不支持，各方面条件都达不到，实在是没办法啊！“

这话说得倒是有点道理的。没错，民营出版公司机制比较灵活，老总往往是奔着市场去的，是比较容易做出畅销书来。2010 年，北京《晨报》曾有报道称，市面上 90% 的畅销书都出自民营书业：“在 2009 年国内图书市场上，除教材由国有出版社专营外，在其余品种里，民营书企占据了 50% 至 80% 的市场份额。在畅销书上，民营出版商和带有民营色彩出版商的份额超过 90%。”

但是我也想告诉各位一个事实：即使在机制灵活的民营书

业，即使在出版完全市场化的我国香港、台湾地区，以及欧美等国，能做出畅销书来的编辑，也是凤毛麟角。

我想问问各位：如果现在给你一个好机制，你就真的能做出畅销书来吗？

你有底气说“能”吗？

做畅销书，对编辑综合素质要求很高，你需要有很强的策划判断能力，熟悉市场和读者，熟悉渠道和分销，善于整合营销资源，有很高的情商和很强的人脉，能把握好各个细节，善于创新，有很强的执行能力……扪心自问一下，你符合这些标准吗？

将一切失败都归于外因，这是一种典型的 Loser 的思维。

即使体制有问题，但我们依然可以努力提升自己，尽可能做到最好——最起码，只要自己努力了，总是会比别人做得好一些。

即使按北京《晨报》的报道，不是也还有 10% 的畅销书，出自“完全的”国有出版社吗？

Chapter 2

第二章

造就畅销书的13大原则

到底什么样的书能够畅销？畅销的原因是什么？这恐怕是绝大多数出版人和写作者都会关注的问题。

本章总结提炼了造就畅销书的13大原则。未必十分全面，且这些原则并非孤立存在，而是相互关联、相互促进的，有些地方可能是相互交叉的。一本书符合的原则越多，它就越容易畅销。

从某种意义上来讲，本章可以视为“3214法则”的延伸和细化。

而接下来的第三章“构成畅销书的23个元素”则是对“3214法则”更为精细的剖析。

原则 1

最大基数原则

选择读者基数大的领域，或者努力扩大读者的基数，都有助于成就畅销书。

台北猫头鹰出版社社长陈颖青讲过这样一件事：自己做过两本书，《家犬图鉴》和《猫咪图鉴》。两书的图像品质都同样精致，也同样精确，让人赞叹，而且作为爱猫人士，他更偏爱后者，但前者的销售量比后者多了一万册。原因是，台湾养狗人数远远超过养猫人数，社会结构天然决定了两本书不同的销售结果。

这个故事说明了一个浅显的道理：读者基数，决定图书销量。

做畅销书最根本的一条原则，就是寻找最大的读者基数。读者基数小的，绝不可能成为畅销书。

假定有百分之一的目标读者会花钱买书：

一本书的目标读者是 100 万，这本书就能卖出去 1 万本；

如果目标读者是 1000 万，这本书就能卖出去 10 万本；

如果目标读者是 1 亿，这本书就能卖出去 100 万本；

但如果目标读者只有 1000 个，你就是做到极致，又能卖出多少本来？

当然这只是个简单的数据说明，实际操作要复杂得多。

不过已经可以说明，成就超级畅销书的基础，是它有超级大的读者基数。

选择读者基数大的领域，或者努力扩大读者的基数，都有助于成就畅销书。

根据“最大基数原则”，我们可以得出以下结论：

名人书容易畅销；

女性书容易畅销；

儿童文学容易畅销；

青春文学容易畅销；

职场类容易畅销；

养生保健类容易畅销……

这些类别的书，都有着庞大的读者基数，只要做好了，就容易卖得好。

原则 2

稀缺性原则

很多时候，在看似饱和的市场里，还是可以寻找到稀缺的。

有读者而市场稀缺，就能畅销。

郑渊洁当年选择写童话，是因为读者对童话的需求量很大，而能写好童话的作家却不多。事实证明，他的眼光是对的。

要力石做过分析：2007 年上半年中国股市火热，有大量新股民入市，需要新的股市读本。结果，畅销排行榜的 20 本书中有 15 本是股票类图书，所占比重达到 75%，这是书业史上从未有过的。这也是因为稀缺。

20 世纪 90 年代，赵忠祥《岁月随想》创下百万销量，随后系列名人书都销量惊人，这也是因为当时市面上名人书很少的缘故。到今天，这辉煌就很难复制了。

“小故事大道理”类的图书，曾火爆一时，但大量跟风之后，市场趋于饱和，现在销量也就很一般了。

但很多时候，在看似饱和的市场里，还是可以寻找到稀缺的。

1996 年，《电脑之家》(PChome) 杂志创刊。此前，台湾地区已经有很多电脑杂志了，大家各显神通，也都有各自的忠实读者。不过即使是市场占有率最大的电脑杂志，月发行量也不过 1 万来份。这时詹宏志打算办电脑杂志，许多人都不以为然：一来詹宏志是文化人，不是电脑专业人士；二来，市场竞争如此激烈，一份新杂志，能生存下去吗？

谁也没想到，《电脑之家》上市第一期，发行量就超过最大竞争对手 10 倍以上，还创造了月刊杂志再版的纪录，让所有人都大跌眼镜。

詹宏志称：“PChome 现象不是因为我们创造了新市场，而是我们针对台湾地区某个重大的能量库，找到了一个‘对的缺口’。”

当时台湾地区个人电脑已经发展到“486”，整个社会电脑普及率不断提高，电脑时代即将来临。但当时的电脑杂志认定的读者，多半只是锁定那些勇于追逐新科技的尝鲜族，对那些更为庞大、对电脑既敬且畏的“广大人民”，始终没有人去关注。除了詹宏志。

詹宏志所说的“对的缺口”，也正是我们所说的稀缺性。

原则 3

易传播原则

一本书首先要抵达读者，才有可能让他们感兴趣，激起他们的购买欲。

长江文艺出版社副社长黎波曾说：大众读物的畅销书，其畅销前提有两点：一是读者喜欢，二是能传播开。

极端点说，能传播开比读者喜欢更重要。一本书首先要抵达读者，才有可能让他们感兴趣，激起他们的购买欲。一本读者喜欢的书，没有能传播到读者，那读者怎么会去买？

那么，畅销书必须是易于传播的，能够让媒体高度关注的、让读者口口相传的。

要易于传播，就不能太复杂，而且要引人注目，引人入胜。

林青霞处女作《窗里窗外》出版，媒体自然蜂拥而至，能迅速为人所知。事实上，名人书容易畅销，易于传播要算是主要原因之一。

一个好的书名，或是好的广告语，也是易于传播的。

对于传播来说，好故事的魅力是无可抵挡的。单亲妈妈、失业、交不起暖气费只能到咖啡馆里写作，写出的书还无人愿意出版……最终成为畅销书作家，身价过 10 亿。罗琳的亲身经历，是一则引人入胜的励志故事，成为《哈利·波特》营销的强劲动力。

类似的还有霍金。他是继牛顿、爱因斯坦之后最伟大的物理奇才，可是他身患疾病，全身肌肉萎缩，不能说，不能写，依赖电脑设备才能和外界沟通。但他却写出了《时间简史》，去寻找广袤宇宙最深奥的秘密。试想，如果是一个健全人写出了这本书，还会引发如此关注吗？

原则 4

实用性原则

把没有什么实用价值的“闲书”做成实用之书，基本上就算成功了。

某大出版社前辈曾总结过他们赚钱的主流产品，7 个字概括：“炒菜遛狗治小病”。也就是说，教人烧菜的、养宠物的、养生保健之类的实用图书，永远是有市场的。

读书，有人是为了娱乐消遣，有人是为了心灵成长，有人是为了受教育，有人是为了明白事理，也有人是为了有用——比如怎样生养孩子、教育孩子，怎样吃东西更健康更享受，怎样说话更容易被人接受，以及怎样学业有成和在职场里升职加薪游刃有余等。

可以肯定的是，奔着实用去的读者，绝对比其他目标的读者群基数要大得多，范围也广得多。

前面说到的炒股书大热，也正是因为它的实用性。

如果有这样一本书，让你读了以后就能学会怎样减肥、美容、赚钱、升职、管理好下属、嫁入豪门（或泡到美女）、拥有好的人际关系、教育好子女……那它还有什么理由不成为畅销书？

高明的编辑，甚至能把一本没有什么实用价值的“闲书”，做成实用之书：

《杜拉拉升职记》《上班奴》都是小说，小说的主要功能是娱乐、消遣与共情，但这两本书在讲故事的同时，也在剖析职场、讲述职场规则、传授职场生存秘籍和晋升之道。《上班奴》甚至在形式上也做了创新，不同于“正常”的小说，而是每一章都由“故事＋职场感悟”组成，实用性一目了然。

它们能畅销，是有道理的。

能把闲书做成实用之书，基本上就算成功了。

原则 5

趣味性原则

娱乐、消遣和趣味，是人类阅读重要的组成部分。

“作为一名读者，我最喜欢那种毫无内容可言、帮助不大、荒谬透顶却趣味十足的书。”

井狩春男此说，真是深得我心。

没错，我就是喜欢看有趣的书。

说得更详细一点就是，现在我的阅读是两个极端：一个是有用的，必读的，能帮我增长知识，应付工作和生活的；另一个就是有趣的，可以用来消遣的。

那些故事性极强的、有着丰富想象力的、奇怪的拼贴的以及可以让人开怀大笑的……凡是有趣的，都是我喜爱的。

前不久我还用手机读了一部两三百万字的网络小说，讲养蛊的，可谓一点实用价值都没有，但是足够有趣，足够好玩。所以我连续读了差不多一周时间，累得眼睛酸疼。

我曾经是金庸迷和卫斯理迷，也读过白饭如霜、可蕊……他们的作品都是相当有趣的小说啊。

我手头有一本《剑桥倚天屠龙史》，扔在床头好长时间了，一直没有读完，却会经常随手翻几页。还有《量子江湖》，只看这书名，就觉得足够有趣。

没错，有一些书是我只看了书名就决定买（要）来看的，比如《兄弟在美国的日子》，比如《把恐龙做成大餐》，比如《我，睡了，81 个人的沙发》，比如《你以为你以为的就是你以为的吗》……

读一本书需要理由吗？通常你只要告诉我它很有趣就够了。是的，我们向其他人推荐书时，也往往会这么说：这本书真是太有趣（好看）了！

娱乐、消遣和趣味，是人类阅读重要的组成部分。

原则 6

诉诸感性原则

消费者一理性，就会本能地捂紧钱包。

香港出版界有个笑话，说哪怕倪匡写的是无字天书，也会迅速售罄。

这说明名人之于畅销的重要性，也说明，读者在购书时，往往是非理性的。

读者买书会出于两种考虑，一种是纯粹理性的，比如买《畅销书浅规则》的读者，肯定是奔着实用性来的；另一种则是感性的、非理性的，我们可能出于纯粹的感动，出于某种情绪，出于喜好，出于冲动，就买下某本书。

某某作者是我喜欢的作者，他上一本书写得极好，这一本书一定也很好看！

某某书最近微博和豆瓣上大家都在讨论耶，我也得买一本去！

某某书全球畅销 1000 万册，获过某某大奖，一定值得看！

这书是某位权威推荐的，一定很有价值！

突然被某个书名感动、共情，马上去买！

某作家的经历很传奇、很励志，他的书也一定有看头！

嗯，这些可能都是我们买书的理由，而且，几乎都是非理性的。

透露一个秘密，畅销书是由非理性购买造就的。

其实这也算不上什么行业特质。在其他各个商业领域造就销售奇迹的，也往往是诉诸消费者的非理性。

用环境、限购、打折季、送赠品、广告轰炸、明星代言、制造稀缺等种种手段，让消费者失去理性，让他们疯狂血拼，乖乖地掏出银子来，这是其他商业领域屡试不爽的手法。

消费者一理性，就会本能地捂紧钱包。非理性时，才会大肆 Shopping。

原则 7

低定价原则

就目前的收入水平和物价而言，30元，基本上是普通读者能够接受的心理价格极限。

随便抽检一些近年来出版的、至今仍在畅销的图书定价：

冯小刚的《我把青春献给你》，长江文艺出版社 2010 年 6 月版，定价 26.00 元。

郭敬明的《小时代 2.0》，长江文艺出版社 2010 年 1 月版，定价 26.80 元。

韩寒的《青春》，湖南人民出版社 2011 年 10 月版，定价 29.00 元。

于丹的《于丹趣品人生》，中信出版社 2011 年 10 月版，定价 29.80 元。

蔡康永的《蔡康永的说话之道》，沈阳出版社 2010 年 10 月版，定价 25.00 元。

张德芬的《遇见未知的自己：都市身心灵修行课》，华夏出版社 2008 年 1 月版，定价 29.00 元。

尹建莉的《好妈妈胜过好老师》，作家出版社 2009 年 1 月版，定价 20.00 元。

看看这些数据就会发现，绝大部分畅销书的定价，都不会超过 30 元这条红线。

畅销书要保证一定的销量，定价便不能太高。就目前的物价而言，30 元，基本上是普通读者的心理价格极限。达到或超过 30 元的书，少有能十分畅销的。

有些书甚至定价 29.80 元，差 0.20 元都不敢定价 30 元。因为 29.80 元仍是 2 字头的，30 元已经是 3 字头，给读者的心理感受完全是不一样的。

现在，请思考一个问题，《畅销书浅规则》定价 49.00 元，是出于什么考虑?

原则 8

购买力原则

购买力决定价格和市场。市场很大，但购买力不强，就不可能做大。

不过在畅销书榜上也颇有一些定价比较高的书，如：

宋鸿兵的《货币战争 3：金融高边疆》，中华工商联合出版社有限责任公司 2011 年 1 月版，定价 39.80 元。

吴晓波的《浩荡两千年》，中信出版社 2012 年 1 月版，定价 45.00 元。

这不奇怪。财经书的主流读者群都是购买力比较强的，所以只要品质够好，贵一点也没关系。

购买力决定价格。财经书应该贵，而给青少年看的书，定价就应该比正常的书更低一些。

查畅销书榜可知：

杨红樱的《淘气包马小跳：侦探小组在行动》，接力出版社

2011 年 6 月版，定价 15.00 元。

郑渊洁的《皮皮鲁送你 100 条命》，二十一世纪出版社 2011 年 1 月版，定价 20.00 元。

购买力也决定市场。一些网络大神的作品，在网上连载作品点击动辄数千万，甚至上亿，但出实体书的销量往往并不理想。其原则就在于，网络作品的主流读者，是收入比较低的群体。他们习惯了网上免费阅读，或是千字两三分钱付费阅读，买实体书，花钱太多了。

计算一下便知：一部 100 万字的网络小说，按千字两分钱付费阅读，花不到 20 元钱即可读完全文（因为通常还会有免费试读部分）。而出版成实体书后，正常定价应该超过 100 元。

这是网络小说不容易大规模出版并成为畅销书的根本原因。

市场很大，但购买力不强，就不可能做大。

你或者要举出《第一次的亲密接触》来反驳我。

那么请注意看它的长度和定价：约 20 万字，定价 22.00 元。

它符合“低定价原则”。

原则 9

轮回性原则

在你和某类型的书籍挥手道别之后，一转身，它又回到排行榜了。

井狩春男认为畅销书有四大基本主题：一是恋爱类，包括最为畅销的四种基本形式，即恋爱、结婚、外遇、性爱；二是生活处世类；三是致富发财类；四是减肥或美容类。这四大主题是永恒的，无论时代怎样变迁，都会畅销。

在《畅销书的故事》里，美国学者迈克尔·科达对 1900 年到 1999 年 100 年间的美国畅销书排行榜进行分析，得出了一个结论，畅销书是有轮回的："在你和某类型的书籍挥手道别之后，一转身，它又回到排行榜了。只不过换了件更为时髦的外衣包装，但你还是能一眼就认出这是从前流行过的某项产品的回笼。"

对照这份榜单，我们的确可以发现，100 年前的美国人与

100 年后的美国人，在阅读范围、热点上，并没有太大的不同，甚至与中国现在的阅读热点也很相似。

在 1956 年美国非文学类图书的榜单上，有健康养生类图书《关节炎常识》、有两本美食书、一本室内装潢指南和一本礼仪手册。

怎么样？是不是很有点眼熟？

我们当然不好拿 50 年前、100 年前国人的阅读范围与今天对比，因为这些年来，中国发生了沧桑巨变，出版环境和社会政治环境对出版业有巨大的影响。但可以肯定的是，今天的图书市场相对稳定，再过几十年甚至上百年，畅销书榜单上大概也还会有这些类别：名人、美容、减肥、养生、励志……至多不过是用新瓶装旧酒罢了。

如果想做畅销书，不妨去多多琢磨下曾经畅销过的那些选题吧。

原则 10

时代性原则

时代热点和需要催生了不同的畅销书，畅销书也像镜子一样映射出时代的特点。

畅销书有轮回性，也有鲜明的时代特征。

回顾一下畅销书的历史，共和国建设时期（1949—1967）的畅销书多以红色文学为主，如《牛虻》《钢铁是怎样炼成的》《铁道游击队》《敌后武工队》《保卫延安》《红日》《林海雪原》《红旗谱》《青春之歌》《艳阳天》《红岩》《创业史》等。

而在 20 世纪 80 年代初期，知青返城高潮不断掀起，这时候以反映知青生活的“伤痕文学”便成了时令文学，《伤痕》《神圣的使命》《高洁的青松》《献身》《姻缘》等知青小说开始畅销。

到了 90 年代，政治逐渐淡出普通百姓的生活，适应新一代读者娱乐、消遣、趣味阅读需要的港台武侠小说、言情小说开始流行。在当时，金庸、琼瑶可谓无人不知、无人不晓。

21 世纪是一个思潮涌动、五彩纷呈的世界。受房价、物价的影响，以及对传统婚恋、家庭观的反思和反叛，《裸婚时代》《蜗居》《中国式离婚》等一批婚恋题材的畅销书应运而生。信息和生物技术的发展，激发了人们对未知世界的探索欲，《哈利·波特》《魔戒》等成为新一代读者的挚爱。医疗保障制度的不健全、人们对健康长寿的追求，使大众养生书持续热销……

文章合为时而著。时代热点和需要催生了不同的畅销书，畅销书也像镜子一样映射出时代的特点。

抓住时代特点，相机而动，是制作畅销书的秘籍。

斯宾塞·约翰逊博士说："我聆听，观察，注意社会正在发生什么事，从中确定新作品的主题。一股新潮流、新趋势在发展的早期我就加以掌握，等到书写成时，恰好这股潮流发展到高峰，这部书也就最切合当时整体社会的需要。我的最高纪录是把一个主题深藏心底 15 年。早在 1979 年我就察觉社会变迁一定会对我们的生活产生极度的影响，这就是《谁动了我的奶酪》的点子。如果我一想到这个点子就立即出书，就无法达到后来切合时机推出作品的那种畅销程度了。"

原则 11

经典性原则

能够穿越时空，被不同时代、种族的人认同，自然有它的伟大之处。

经典最通俗的定义，是指经得起时间考验的书。

比如我国的四大名著《三国演义》《水浒传》《西游记》《红楼梦》，比如《安徒生童话》《木偶奇遇记》，比如《窗边的小豆豆》《长袜子皮皮》《小王子》，比如纪伯伦、泰戈尔甚至金庸、三毛、路遥都可算是经典。

现在的经典书，有些就是从前的畅销书，也有些在当时默默无闻，后来机缘巧合，成为经典。但不管是哪一种，只要成了经典，就具备了长畅、畅销的条件。

《中国图书商报》曾经有文给出经典的必备四条标准：一是优美的文字；二是真实而深刻；三是对读者的美好心灵具有涵养功能；四是能被多个历史时空的人们认可。

能够穿越时空，被不同时代、种族的人认同，自然有它的伟大之处，自然值得一出再出。

对于出版商来说，拥有一批可以不断再版的经典，就等于有了摇钱树，可以源源不断地生财进宝。

读者对经典图书的需要是多层次、多角度的，所以出版经典图书，不能只用一个模式。

中华书局采取“一鱼多吃”模式，针对不同年龄段、文化程度的读者，推出不同的版本，有的图书甚至会有七八个、十几个不同的版本。比如针对中等文化程度的读者推出文白对照版本，针对老年、低幼读者推出大字版本，针对层次较高读者推出“三全”版本等，读者无论是要泛读、精研，还是要收藏，都可以有不同的选择。

甚至对经典进行解构或再创造的书，也很容易成为畅销书。如成君忆的《水煮三国》《孙悟空是个好员工》。

原则 12

关注当下原则

我们回顾历史，或是幻想未来，其内核仍是当下。

“当下”是佛经里面最小的时间单位。1 分钟有 60 秒，1 秒钟有 60 个刹那，一刹那有 60 个当下，1 秒钟有 3600 个当下，把时间切到很小很小的单位，当下就是永恒。

人能活着和感觉到的只有当下。

所以，埃克哈特 · 托利认为，当下是最重要的，最有力量的。他在《当下的力量》中写道：

“我们只能活在当下，活在此时此刻，所有的一切都是在当下发生的，而过去和未来只是一个单纯的时间概念。通过向当下的臣服，你才能找到真正的力量，找到获得平和与宁静的入口。”

借用一下他的逻辑，我们可以这样说：“我们只关注当下，关注此时此刻。过去和未来，只是对当下的折射。表面上，我们回顾历史，或是幻想未来世界，其内核仍是当下。”

如果对畅销书进行深入分析的话，就会发现，它大多是关注当下的。

比如历史读物畅销，新星出版社总编辑止庵曾做过如下评论：“大陆出版界的历史热事实上不是历史热，而是历史演绎热。从内容上来讲，相当于一个故事；而从教育上来讲，对读者现实的人生有所帮助，因此读者感兴趣的不是历史，而是现实。”

而那些最天马行空的幻想小说、YY 小说，它的审美趣味和价值观、它的关注点和所提供的规则、解决方案，仍然是基于当下的。

与当下无关的书，少有读者会去关注它。

原则 13

核心价值观原则

不同的时代有不同的价值观，但有些核心价值是永恒的。

所有能流行的文化、能畅销的图书，一定是符合主流社会的核心价值观的。

武侠小说的核心价值观，是善恶各自有报，小人物成为绝世高手；

爱情小说的核心价值观，是才子佳人历尽磨难结为神仙眷属，或爱情感天动地、天长地久；

职场小说的核心价值观，是草根通过努力，升职加薪；

警匪小说的核心价值观，是真相大白于天下，正义得到申张；

童话的核心价值观，是丑小鸭变成白天鹅，灰姑娘穿上水晶鞋……

不同的时代，价值观也不尽相同。

但是，爱情、亲情、善良、勇敢、坚韧、忠诚、正义、励志、向上等是永远的核心价值。

当然，基于人性的弱点，我们这个时代（或者说任何一个时代）也有一些隐秘的价值观，比如不劳而获、贪财好色、冒犯禁忌、无限自由、个人英雄主义、手握生杀大权而不必做事或不必负责等。能够合理地满足这些需要的文字，也能够畅销。

说白了，阅读的快感，很大一部分来自于以身代入，各种YY。

Chapter 3
第三章

构成畅销书的23个元素

一切艺术，最终都可以精细分解为技术。

技术叠加在一起，未必就是艺术。但对艺术的精细剖析，有助于艺术的传播、继承和提升。

畅销书运作也是如此。

在本章节里，我们试图在上一章“造就畅销书的13大原则”的基础上，将畅销书解剖至23个更基本的构成单位。

应该说，畅销书的构成元素远不止这23个，不过这些算是最常见的了。

在一本书里，某个元素越突出，同时集成的其他元素越多，就越容易成为畅销书。

若是一时找不到好的选题，不妨好好利用这些元素，会有不错的成绩。

畅销元素 1

名人

作者是名人，写的是名人，甚至名人推荐书，都具有极大的畅销潜力。

《中国图书商报》曾对北京、上海、广州、西安等全国 6 大城市调查表明：影响读者购书的因素中，作者的知名度排在第一，有 13.9% 的读者认为自己在购书时注重作者的名气。

如果分析一下畅销书排行榜，我们就会发现，长期、持续盘踞在排行榜上的，总是那么几个熟面孔。

作者或主人公的知名度越高，知道他的人越多，愿意买书的人就越多。

不管是政治人物、商界人士，还是影视演员、歌星、主持人，甚至是微博名人、打假斗士，只要知名度足够高，书就容易畅销。

还有知名作家。很多读者买书，根本不需要了解内容，你只要告诉他这是某某的书，他就会去买。

作者是名人，写的是名人，甚至名人推荐书，都具有极大的畅销潜力。

按“3214 法则”，一本书能否畅销，作者或主人公的知名度可起到 30% 的作用，等同于编辑的策划营销功力，远超过主题和品质。

不过，关于名人的定义，我们可能需要更为宽泛的视角。

1994 年，18 岁的麦可·彼特·费尔因故意对当地民众的车子涂鸦、砸玻璃，并涉嫌偷窃，被新加坡法庭判处罚金 3500 新加坡元、监禁 4 个月、鞭刑 4 下。由于费尔是第一位在新加坡被判处鞭刑的美国公民，美国政府出面协调此案；美国与新加坡各大媒体针对此事件分别报道了很长一段时间，有媒体甚至几年后还在报道此事，费尔因此拥有了不小的知名度，成了知名人物。

费尔出狱后回到美国，有不少人联系费尔，想将他的故事写成一本书出版（还有想拍成电影的），认为会是畅销书题材，但都遭到了拒绝。费尔表示，绝不会出卖自己的故事来牟利。

井狩春男认为，“歌手、演员、运动选手、话题人物、政治人物，当然也包括作家，都属于‘名人’的行列，或者说不论任何职业或任何理由成名的都无所谓”。不需要你位列名流、地位崇高、受人景仰，只要你比较知名，那你就是名人。

费尔完全符合这个定义。尽管他个人品行不端，但当他歪打正着地成了知名人物，也就自然而然地具备了出版畅销书的潜质——美国受新加坡鞭刑第一人，美国人民对他的故事好奇着呢。

当然，在资讯爆炸的年代，只靠名人已经不足为卖，必须深耕细作。

不过这是另一个话题了。

畅销元素 2

故事

心理学家已经证明，人类的大脑，就是一台故事接收器。

知道国内发行量最大的原创杂志是什么吗？

是《知音》和《故事会》。

知道《知音》和《故事会》畅销的秘诀吗？

是靠故事。

区别仅仅在于，《故事会》的故事是虚构的；而《知音》的故事（起码就它自己标榜的而言）是纪实性的，是真实存在的。

心理学家已经证明，人类的大脑，就是一台故事接收器。对于故事，我们是没有免疫力的。

让你背圆周率，3.14159265358979323846626……这一堆没有任何逻辑的数字，你要用多长时间才能背下来？给你一天时间，专心背这个，十有八九你背到头昏脑胀还是记不下来。

如果换成故事呢？“山巅一寺一壶酒（3.14159），尔乐苦煞吾（26525），把酒吃（897），酒杀尔（932），杀不死（384），乐尔乐（626）。”我用了十分钟就记下了，而且过目不忘，直到现在，随口背出。

所以，胡安·鲁尔福（马尔克斯的“文学奶妈”）如是说：“我相信故事。没有故事，就没有文学。小说的含义就说明了这一点。”

会讲故事的人有福了。

畅销书最重要的元素，就是故事。

全世界每年出版的书，类别最多的是小说，而小说的核心，其实就是故事。

人物传记、回忆录，其实也是故事。可以说类似于《知音》吧。

读历史书，你最感兴趣的是什么？还是故事吧？去看看现在畅销的历史书，可以肯定地说，无一例外，都是把故事讲得很精彩。

畅销一时的“小故事，大道理”，核心也是故事……

故事的魅力无处不在，无人可敌。

励志

我们需要梦想，需要激励，需要在最困顿的时候看到光明。

罗永浩是看不上励志书的。很不客气地将励志书市场称为“成功学骗子们”的专属领地，并且这样总结如今大行其道的励志观：“鼓吹所有的小草都应该成为大树，所有一米六的矮个子都应该去 NBA 打球，所有的人都只要努力，就能成功，所有的人只要没有成功，就是不努力。”

但罗永浩也提到，自己当年为了苦学英语致富，曾经“买了 100 多斤励志书”给自己打气。而他为《我的奋斗》自撰的宣传语也是：“在近三十年的中国，励志书从未如此诚恳。”

我们需要梦想，需要激励，需要在最困顿的时候看到光明。

励志书就应运而生。

励志书其实是一个很大的类别。止庵甚至断言：“我们的畅销书都是泛励志书。”

风靡一时的“小故事，大道理”是励志，《杜拉拉升职记》其实也是励志，《全中国最穷的小伙子发财日记》是励志，甚至各种名人自传、传记，也都是励志——看灰姑娘成为公主，丑小鸭成为白天鹅，我们会不由自主地以身代入，觉得自己也能行。

励志书永远好卖。“小故事，大道理”现在走下坡路，只不过是因为这类书做得太多，太滥，让人倒尽胃口而已。稍微花点心思，加点新鲜元素进去，它就照样能火起来。

尽可能多地加入励志元素，对于一本书的畅销是有帮助的。

畅销元素 4

影视

影视有着无比强大的影响力，可以让作家和作品获得有效传播。

尽管早在 2008 年，麦家就已斩获茅盾文学奖，但他真正进入大众视野，开始大红大紫，却是因电视剧《暗算》和电影《风声》的热播。麦家的作品，总是具有强大的情节力量，这使它们容易改编成影视剧；而影视剧的强大影响力，又使麦家作品拥有更广更多的读者群。

类似情况其实早就有之。2005 年，德国作家本哈德·施林克的小说《朗读者》被译介到中国时，已经在德国引起巨大反响，但在中国书界却并没有多少关注。几年后，小说被改编成电影上映，该书马上热销。

再往前追溯，当年的莫言、刘恒之所以能跻身一流作家之列，影视的力量不容小觑。

不过影视与文学的关系，并不只是文学搭影视顺风车这么简单，双方其实是互惠互利关系。影视关注热销图书和热门网络小说，改编成影视剧后自然就有很大的受众群体，而且省去了许多宣传费用；影视剧又提高了文学原著的知名度，提高了作家的身价。影视和图书这两种不同的文化传播模式携手共赢，是现代文化产业发展的趋势。

另一个例子是《百家讲坛》。于丹、易中天、王立群……这一批畅销书作家，可谓都是《百家讲坛》造就的。

影视有着无比强大的影响力，可以让一位作家、一部作品获得有效传播，从而打造畅销书传奇。

畅销元素 5

青春

青少年有强烈的阅读需求，又有足够的购买力。

《中国图书商报》2007 年曾有署名“岛石谭谭”的文章指出，美国畅销书主体为悬疑小说，中国畅销书主体则为青春文学。

该文对 1999 年到 2006 年间的畅销书榜进行了梳理，发现青春文学类畅销书和青春文学作家始终占据了绝对优势。在畅销书前十五名中，位居第一的是一部具有明显青春气质的小说《第一次的亲密接触》，紧随其后的是郭敬明的《幻城》和韩寒的《三重门》，在整个榜单中，青春文学类图书占了 9 名，可谓占据了榜单的主体地位。

现在青春文学已经没有当年火爆，但依然是畅销书榜上的重要组成部分。

《中国新闻出版报》曾有专文分析“青春文学图书何以畅销”，归纳起来大概有两个原因：

一是当代青少年精神诉求催生阅读需求。青春是文学作品中一个永恒的话题，每个年代的人对于青春都有着他们特殊的理解和表达。在这个意义上，每个年代都有相应的青春文学。而当代青少年由于多是独生子女，缺少与同龄兄弟姐妹交流情感与思想的途径，更希望通过阅读寻找认同，寻找同龄人对于青春的感悟。这是青春文学图书诞生背后的阅读需求。

二是经济保障为文化消费奠定基础。就目前的文化消费市场而言，消费的主力军是青少年。改革开放后，居民可支配收入增长，而新一代青少年又多是独生子女，手头比较宽裕，在花钱消费上比前几代人都要大方。同时，他们基本没有生活和生存的压力，读书尽可以依着自己的兴趣。而成年人则有所不同，由于事情多，压力大，阅读多限于实用性比较强的书。

畅销元素 6

两性

两性书的主流读者是女性。而女性容易造就畅销书。

这个世界上的绝大多数消费品，都是给女性用的。只要女性喜欢，就能够成为商机。

两性书的主流读者是女性，仅凭这一点，它就容易成为畅销书。

女性偏爱情感诉求，愿意与人分享内心情绪，也愿意以身代入，在他人的故事里流自己的眼泪，恋爱、婚姻、家庭、婆媳关系等就大受欢迎。纯美如《山楂树之恋》、现实如《蜗居》、纠结如《婆婆媳妇那些事》、苦痛如《离婚的日子》、实用如《二十几岁就要做女王——那些好女孩不懂的事》，各种类型，都可畅销。

相对男性而言，女性对于两性关系有着更丰富、复杂的要求，她们希望更多地了解男人，希望更好地提升亲密关系，相关的图书如《男人这东西》《别以为下一个男人会更好》以及《我爱问连岳》之类的情感问答书就容易畅销。

因为两性书的主流读者是女性，所以通常来说，此类作者会有意无意地讨好、迎合女性，不会过分地批判和得罪她们。即使是那些看上去比较毒舌的，也往往是以“闺蜜”和“自己人”姿态存在的。

另外，婆媳关系类的书，通常模式是好媳妇恶婆婆类型的，好婆婆恶媳妇的就很少见，无他，此类书的主流读者是年轻的媳妇们。不过好在，虽然婆婆们的形象不佳，但她们也不会花钱买书自讨没趣。

畅销元素 7

家教育儿

许多不再读书的成年人做了父母后，也一定会去读育儿书，并且会给孩子买书读。

中国每年出生人口有 1000 多万，平均每天 3.6 万人，这是一个庞大的阅读市场。

可能会有很多成年人不再读书，但不让孩子读书的父母一定极少。

许多家长自己不读书，或者只读电子书，却一定会给孩子买纸质书读。

许多家长本来根本不读书，有了孩子后，却一定会买几本家教育儿书来读。

这是家教育儿类图书（不同于常规的分类法，我把儿童文学也算在家教育儿类型里，因为这类书主要也是由父母购买，给孩子读的）畅销的基础。

怎样让孩子考上名牌大学或是出国的书曾经十分火爆，《哈佛女孩刘亦婷》就是其中的代表。

可以预见的是，这类书在未来还会有很大的市场。

不过随着社会价值的多元化，怎样让孩子健康成长、快乐成长的书也开始流行。类似的书有《去远方长大：带着儿子走川藏》《孩子，你可以不一样》等。

畅销元素 8

品牌

消费者视品牌为产品的一个重要组成部分。建立品牌能够增加产品的价值。

通常来说，一本书要等出版后才有销量，才可能登上畅销书榜。

不过也有例外。

2004 年，有一本书尚未面世，就已经登上了英、法、日三国畅销书的榜首，超过了世界级畅销书《达·芬奇密码》的销量。

这本书就是英国作家罗琳的“哈利·波特系列书”第六部——《哈利·波特与“混血王子”》。此书要到 2005 年 7 月才出版，但通过网络预售，便已成为超级畅销书。

这就是品牌的力量。

关于品牌，菲利普·科特勒给出了这样的定义：“品牌是一个名称、术语、标记、符号、图案，或者是这些因素的组合，用来识别产品的制造商和销售商。它是卖方做出的不断为买方提供一系列产品特点、利益和服务的保证。由于消费者视品牌为产品的一个重要组成部分，因此建立品牌能够增加产品的价值。”

图书的品牌有这么几种：

作者的品牌

作者专注于某一主题的、系列的写作，有利于形成和强化自己的品牌，降低营销成本。旧作为新作奠定了畅销的基础，而新作又带动了旧作的销售，保持一定的水准不断地写下去，每本新书，基本上都能成为畅销。在《货币战争》中，宋鸿兵曾成功预测 2007 年次贷危机和 2008 年金融海啸，由此引起各界高度关注。随后又有了《货币战争 2：金权天下》和《货币战争 3：金融高边疆》。而杨红樱从“马小跳系列”到“笑猫系列”，形成了完整的写作体系，拥有了固定的、不断壮大的读者群。蔡骏从《病毒》开始，到后来的《地狱的第 19 层》《荒村公寓》《天机》，打出了“心理悬疑”的品牌，也成为畅销的保证。

出版社（以及民营公司）的品牌

比如中信出版社和蓝狮子的财经书、广西师范大学出版社和三联书店的人文书、中华书局的古籍学术、悦读纪的女性书、新星出版社的“午夜文库”等，都形成了自己的优势品牌。

出版人的品牌

比如沈昌文、张立宪、金丽红、安波舜、黎波、杨文轩、白冰、华楠等，基本上都是销量的保证。

畅销元素 9

时尚

省吃俭用的书怎样才能畅销？把它上升到时尚的高度。

时尚就是在特定时段内率先由少数人尝试、预先认为后来将为社会大众所崇尚和仿效的生活样式。不管在哪个时代，追求时尚都是人类近于本能的反应。对时尚的追求，促进了人类生活更加美好，无论是精神的或是物质的。

2009 年春节晚会，刘谦一炮走红。以前不太被人关注的魔术由此成为一种流行时尚。相应地，关于魔术的图书也迅猛走红。《刘谦的魔法签证》和《魔法诱惑》系列都进入畅销书榜，《魔术盛宴》《男人必学的魔术》《轻松小魔术》等多种图书也跟风出版。

一本省吃俭用的书，怎样能够畅销？答案是，把它上升到潮流、时尚和品质生活的高度。

《300 条达人省钱绝招：花小钱过优越生活》就是这样操作的。达人、优越生活，是引人购买的关键字眼。如果给人以寒酸、窘迫之感，这书就不会好卖了。

黎波甚至这样说过，一本书只要做到时尚，或者实用，就能畅销。

畅销元素10

财富

古今中外，大多数人总是既不愿意辛苦工作，又想有花不完的钱。

我有一个理想：少干活多拿钱，不干活也拿钱！

我有一个梦想：睡觉睡到自然醒，数钱数到手抽筋！

我此生最大的遗憾，就是没有成为富二代！

我是不是说出了绝大多数人的心声？

古今中外，大多数人总是既不愿努力辛苦，又想拥有一大笔财富，轻松玩乐过上一生，到老了也挥霍不完。

所以井狩春男说："若能编出一本'让人不用辛劳也能拥有财富'或有此幻觉的书，它就有可能成为畅销书。"

或者我们放宽一点，即使辛劳也无所谓，只要简便易行，可以让人按图索骥的，也可能成为畅销书。

《全中国最穷的小伙子发财日记》，畅销的要诀就在"全中国最穷”这几个字上。它给了人强烈的心理暗示：“我也能。”最穷的小伙子都可以发财，那普通阶层的你我，自然也可以——凭什么不可以？

无独有偶，《上班族小奥的千万富翁养成记》也是拿“上班族”与“千万富翁”形成强烈对比，给千千万万的上班族一个心理暗示：只要照葫芦画瓢，自己也能成为千万富翁。

帮人炒股的、炒基金的，教人如何买不动产、做收藏的，以及分析有钱人和你的思维差异的，都可归为此类。

只要有一定的实操性，并辅以“其实很简单”的心理暗示，就很容易畅销。

畅销元素 11

升职

绝大多数人都要在职场里打拼，他们渴望获得成功和地位。

含着银匙出生的人毕竟只是少数，能做生意发大财的也是少数，绝大多数人，都要在职场里摸爬滚打，历尽苦辣酸甜、人情冷暖，用无价的青春和时间，去换回养家糊口、安身立命的散碎银子。

有这样一个庞大的群体，职场类图书如果不畅销，那才叫没天理呢。

没错，职场小说一直是畅销书榜单上的佼佼者。李可的《杜拉拉升职记》，2007 年就开始畅销，后来又出了之二、之三和大结局，又出了纪念套装，至今还在热卖中。

《浮沉》《圈子圈套》《潜伏在办公室》《做单》《我把一切告诉你》等职场小说也都是长销不衰，刚扫了一眼，《浮沉》推出畅销 100 万册纪念版了。

不过分析这类职场书可以得出结论：升职是职场书永恒的主题。职场草根生存手册之类的书，少有能畅销的。

少有人愿意一辈子平庸。了解职场规则，在竞争激烈的职场中崭露头角，获得成功、地位和财富，是绝大多数职场打拼者内心的需求。甚至是那些郁郁不得志者、当一天和尚撞一天钟者，内心也有着上进的渴望。

畅销的职场小说，需要有好故事，更需要有相应的升职秘籍。读者在读小说时，不仅可以满足情绪消费，还能有实用价值。

所以，《杜拉拉升职记》纪念套装才会随书附赠“杜拉拉职场进步手册”。

畅销元素12

心理

那么多人心里“有事”，所以有那么多心理书一路畅销。

与上辈人相比，现代人往往远离故土和亲人，与邻居也常常老死不相往来，生活压力又很大，常常处在焦虑之中。而物质丰富后，也有更多的可能来关注自己的内心。心理学图书因此而大行其道。

正应了《杭州日报》一篇报道的标题：那么多人心里“有事”，所以有那么多心理书一路畅销。

心里“有事”怎么办？心病需要心药医，最简单、普遍的药方就是：看书。

所以，在最近几年图书整体形势下滑的大背景下，心理书的销量仍是一直上扬的。陈寿文2011年引进了克里希那穆提的《生命之书》，一年销量超过20万册，现在仍在持续热销中。

心理学图书的主要读者群是女性，以及被职场压榨、逐渐迷失自我的上班族——前者的阅读需求偏于心灵成长，后者则更接近心灵抚慰和心理疗愈。

华夏出版社编辑朱悦先后引进出版过《九型人格》《遇见未知的自己》《非暴力沟通》等，都获得了巨大的成功。尤其是张德芬的《遇见未知的自己》，于2008年出版，迄今为止，总销量超过100万册。

相对来说，比较浅显、有趣的大众心理书容易畅销，心理自助类图书容易畅销，而深奥的心理学著作就比较小众一些。

近年来比较热销的心理书还有《少有人走的路》《心理学与生活》《梦的解析》《影响力》《社会心理学》《男人来自火星 女人来自金星》《直面内心的恐惧》《设计心理学》《怪诞行为学》《不抱怨的世界》《一个人不要怕》《当下的力量》等。

养生健康

养生健康类图书的最主流读者是离退休人员和白领，他们都有着较强的购买力。

养生健康类图书一度十分火爆，有媒体做过报道，在张悟本“出事”前，市面上的畅销书，每五本里就有一本是养生健康类的。

养生健康类图书为何如此畅销？媒体曾有分析，主要有以下几个原因：随着社会的发展，物质生活丰富，生活水平提高，人们开始更多地关注自身的健康。而由于医疗保障制度的不健全，看病贵、看病难，使人们害怕生病、害怕上医院，因此寄希望于“能够帮助人们不生病”的书籍。再加上相关教育的缺位，养生知识匮乏，许多人不得不借助养生书籍“自学成材”。

养生健康类图书最主流的读者是离退休人员和白领。这两类读者都有着较强的购买力，这也是其能热销的重要原因。

畅销元素14

美食

饮食男女，人之大欲存焉。

2012年，美食书成为畅销书榜上的新宠。这当然与电视纪录片《舌尖上的中国》的热播有直接关系，但从本质上来说，“饮食男女，人之大欲存焉”，吃吃喝喝，本来就有着最广泛的群众基础，美食类图书畅销，也是应有之义。

早在2006年，就有媒体报道称，美食书畅销北京CBD。殳俏、沈宏非、古清生、胡元骏等都很受欢迎。

梁实秋先生学问文章，一时无两，但他最出名的系列文章，乃是“雅舍谈吃”。

唐鲁孙的《中国吃》《天下味》系列，也是相当畅销的著作。

而在英国，大厨迪莉亚推出的《如何烹饪》系列书籍，销售量更是达到惊人的1800万册。

到哪里能吃到好吃的东西，怎样吃到好吃的东西，怎样做出好吃的东西，都会容易畅销。

不过，随着互联网的发达，单纯菜谱类图书很可能会逐渐淡出市场。

随便搜索一下就能知道一道菜怎么做，干嘛还要去买书？

加入作者的个人体验、情感、情趣等，可能会更有感染力。

文怡是个典型的例子。

畅销元素 15

减肥

减肥书畅销的关键，是营造“减肥很容易”这一假象。

人性经不起诱惑，美食之后，肥肉渐增，减肥就提上重要日程。特别是现代人，吃得多，运动得少，胖了不仅有碍健康，也有碍观瞻（尤其是对于女性而言），减肥书由此成为永远的畅销题材。

陈颖青说，每年光是减肥的议题，就不知在全世界造就了多少百万级的畅销作家。

减肥书畅销的关键，是营造“减肥很容易”这一假象。

事实上减肥就是六个字，“管住嘴，迈开腿”。少吃，多运动而已。说起来容易做起来难，哪个胖子不是贪吃不动之人？

但没有人喜欢听实话。人类本质是想偷懒的，“减肥很容易”这类书就容易畅销。

拿一条带子，在身上缠来绕去，《卷卷就能瘦》由此畅销。

《塑身女王教你打造完美曲线》的核心讯息，是“46 岁最美辣妈减肥 13 年从未反弹”，仅凭这一点，畅销就是必然的。

《为爱瘦一次》，看到贾玮 180 天内甩肉 35 公斤，会觉得减肥好像并不是那么难，对吧？

井狩春男说，如果编辑能编出一本“读完即可减重一公斤”的书，绝对可以成为 100 万畅销书。

畅销元素16

宠物

我认识的人越多，我就越爱我的狗。

物质的现代社会、淡漠的人际关系、快节奏的生活、来自工作和生活各方面的压力，造成了人们情感的缺失，宠物就成为填补这缺失的法宝。

“我不认识我的邻居。我跟我的狗在一起的时间，比跟任何人都长。我自己穷到吃素时，还是会给狗狗吃肉。我可能会对地铁上的乞丐无动于衷，但看到猫猫狗狗受到虐待，却会心疼落泪。”这是某位爱宠人士的自白。宠物比人更亲密、更重要。宠物书就相应流行。

《我和狗狗的十个约定》《小猫杜威》《巴别塔之犬》《大象的眼泪》《我在雨中等你》《别了，可鲁》，以宠物为主角讲述故事的图书，都曾畅销一时。《马利：一只与众不同的狗》全球热销超过 1000 万册。

曾有媒体分析道：宠物书既满足了部分年轻人的“小资情结”，又在一定程度上成为年轻人缓解压力的“法宝”。此外，不少家长培养孩子对小动物的热爱，也会选择购买此类图书。

目前，国内原创宠物书特别是宠物类小说还比较少，这将是一个很值得开拓的领域。

畅销元素17

政治

政治人物因其非同一般的影响力，往往能够创造出版奇迹。

与政治有关的书容易成为畅销书，古今中外皆然。

美国的传统是，总统任期满，就会写回忆录，回忆录肯定会畅销，总统因此名利双收。

克林顿在任时欠了一屁股债，就是靠回忆录还上了饥荒。

中国政治人物出书的较少，但因其非凡的影响力，往往能创造出版奇迹。《朱镕基答记者问》长期占领各类畅销榜之首就是证明。

官场小说其实也是政治类图书。目前，官场小说成为一个专门的畅销书类别。《侯卫东官场笔记》《二号首长》《省委书记》《一把手》都曾热销一时。

与政治人物有关的周边产品图书也容易畅销。他们的保健医生、厨师、保镖写本书，打上政治人物的招牌也会卖得火。

畅销元素18

国学

畅销的国学书多为浅显的解读书，具有明显的应用型和工具性。

前些年，《百家讲坛》引爆了国学热，沉寂多年的中国传统文化被推向前台，儒学、道家、古典诗词的书籍占领了畅销书的市场，中医养生之类的图书开始畅销，白话版的历史书籍也渐渐升温，并且越来越受到市场的欢迎。当年明月就在这时进入人们的视野，他的《明朝那些事儿》销量过500万册，成为30年来最畅销的史学读本。

国学热的根本原因，是应试教育导致的人文教育缺位，造成对传统的隔膜与匮乏。大家读国学书，是在补传统文化这一课。也正因此，畅销的国学书多为浅显的解读书，具有明显的应用型和工具性。

悬恐

“死亡”与“爱情”，历来是文学的两大主题。

早在20世纪初，西方就有专家对19世纪的市场写作做过调查，像悬疑、破案、谋杀、惊悚、情感等这类选题在那时就是畅销书首选 。《纽约时报》畅销书排行榜70%的书是恐怖悬疑类小说。

从2006年开始，恐怖悬疑小说在国内图书市场持续升温。统计表明，这一年是引进国外悬恐小说最多的年份。《肖申克的救赎》《骗局》《达·芬奇密码》《鬼魂出没：怪诞故事集》《耶稣裹尸布之谜》等都迅速吸引了一批特定的读者。

而本土悬恐作家也趋于专业化和职业化，作品整体水准有了很大提高，有些远远超过国外的同行。蔡骏、周德东、鬼古女、红娘子、李西闽、庄秦、丁天、老猫、成刚、余以键、天下霸唱、那多等都有不俗表现。

悬恐小说受社会经济发展水平影响，在经济发达、现代化程度高的社会中，这类书会受到欢迎。可见，悬恐小说应该还有很大的市场。

悬恐小说的主流读者是青少年，且女性读者的比例大于男性读者。

畅销元素20

暴力

不得不承认，人性中隐藏着嗜血的因子。

童话给人的感觉，似乎一直是纯净、安详的。但这或许只是一种假象。阅读过大量的未经过滤和选择的原始文本后，你就会发现，其实在童话里，暴力、施虐、流血、死亡，是很常见的话题。

我们不得不承认，人性中隐藏着嗜血的因子。或许是原始社会的捕猎和绵延不断的战争史，使得暴力成为人类的集体潜意识。我们的内心深处，其实都住着一只狮子，虽然它已经被驯化得像只大猫，但骨子里，还是嗜血的。

暴力也因此成为畅销书的重要组成元素。

只不过，我们需要的是“合法的”暴力。

革命小说、军事文学、武侠故事，都是给暴力穿上了“合法的”外衣。

尤其是前两种，几乎可以登堂入室，成为严肃文学。但是天知道，如果没有那些打仗、杀人、流血、死亡，还有多少人会对它们感兴趣？

武侠小说当然也是在表现暴力，只不是它的外衣是正义。

男性似乎对力量更为推崇，所以，这几类小说的主流读者是男性。

畅销元素21

专业

专业即卖点，即特色，即核心竞争力。

近年来的畅销书队伍构成发生了变化，传统意义上的作家逐渐淡出，而非文学专业的作者队伍日益壮大，生机无限。

但是这些非文学专业的作者，往往会在某一领域有着很强的专业背景。比如《一个广告人的自白》作者大卫·奥格威是优秀的专业广告人，《狼图腾》作者姜戎从事狼的研究长达20多年，《圈子圈套》作者王强是IT精英，他们出手写这个领域的东西，其他人就很难比肩。

专业即卖点，即特色，即核心竞争力。

在图书市场越来越细分的现状下，写作者也必须越来越专业，才能应付得了越来越专业的读者。作者稍有不慎就有可能露怯，会被嘲笑和抛弃。有些军文爱好者，对军事知识的了解到了让人震惊的地步。写心理畅销读物的作者，就更应该是心理方面的专家。

同时，现代社会的写作，已经越来越跨界，越来越文理融合。克莱顿的悬疑小说，里面不仅有人文、历史，还有很多科技方面的知识。他也因此独树一帜，打出了“高科技悬疑小说”的品牌。

畅销元素22

品位

我们会对我们不懂的东西产生敬畏心，觉得那代表着一种品位。

日本京都大学教授浅田彰出版过一本书叫《构造与力》，这是一本内容深奥、论述结构主义的论文。井狩春男说，这种书正常卖出6000册就算是“畅销”，但是没想到它居然成了畅销书，大卖60万册。

这本书为什么畅销？井狩春男的解释是：“当时拿这本书走在路上看来相当帅气，也可说是追求知性、流行吧！”

说得更通俗一点，读这类书，代表着一种品位。

我们会对我们不懂的东西产生敬畏心，觉得作者太NB、太有学问了，值得高山仰止。读晦涩难懂的书，也因此代表了一种品位。

霍金的《时间简史》，据说只有专业博士才能读懂，但它在中国居然成为畅销书。

村上春树也是小资们的必选，但是《挪威的森林》，能读懂的恐怕没有几个吧？

王朔的《我的千岁寒》曾经大卖，但它跟朔爷此前的小说比，真的不是一个路子，读得让人头大啊……

还有《百年孤独》《追忆似水年华》《生命中不能承受之轻》，我很怀疑有多少人真正读过、真正读懂，但是有几个文化人敢说自己没读过？

许多书，你未必读过、未必能读懂，但你一定得知道它大概是什么，起码不能在别人挑起这个话题时你一无所知。你的书架上也必须有这么一本书，因为它代表着品位。

畅销元素23

资本

巧妇难为无米之炊。有雄厚资金投入，图书就容易畅销。

做图书营销最让人挠头的一件事就是，没钱！

一款新车出来，宣传经费是以千万计的。而一本书，就算是销量10万，码洋也不过300万左右，毛利润大概30万，能在营销上花多少血本？

巧妇难为无米之炊，若是有雄厚资本投入，图书营销就好做得多——换句话说，图书也就更容易畅销一些。

1998年开始，一个名为科利华的软件集团号称投入1亿巨资，发动了一场迄今为止最大的图书宣传广告攻势。

据介绍，该书广告遍及中央电视台3个频道和《焦点访谈》《晚间新闻》《新闻30分》《中国财经报道》《中国新闻》5个栏目，还有香港凤凰卫视的6个栏目。

如此史无前例的大手笔，新闻界没有理由无动于衷。各大媒体纷纷报道，使《学习的革命》迅速完成了由广告宣传到新闻宣传的转变。1999 年，《学习的革命》连续在榜 11 个月，销量高达 400 万册。

至于如此重金投入，到底赚到钱了没有？这个不必深究了。不过可以肯定的是，科利华的目标并不是从书中赚钱，而是借书给公司做广告。这个目标，他们是达到了。

Chapter 4

第四章

图书营销的15个创新思维

关于营销的定义，有狭义和广义两种。

狭义的营销就是推广，提高曝光率。

广义的营销，则是“根据市场需要组织生产产品，并通过销售手段把产品提供给需要的客户”。

出版界营销的思维，往往局限于试读本、开新书发布会、作者签售、媒体发稿等推广手段上，而事实上，图书营销应该是一个整体概念，从选题策划开始，贯穿于出版的每一个细节。

出版的每一个细节，都是营销

编辑必须从一开始就注入营销的思考，把营销思维贯穿图书的整个出版过程。

在有一定规模的出版社或民营公司内部，图书营销通常由专门的营销部门或营销人员负责。这样其实有利也有弊。利在于，专门的部门可以让专业的人才集中精力做好各个细节，对提高图书曝光率（狭义营销）有利；弊在于，容易将图书制作与推广割裂开来，导致编辑、推广、发行脱节，各行其是，实际上对营销（广义）不利。

多年前，惠普创始人之一大卫·帕卡德说过："营销的重要性远不止于仅仅将其单独留给营销部门去做。"

对于一个出版机构来说，如果编辑没有营销思维，如果发行缺乏铺货渠道，那么即使有世界上最好的营销部门也一样会出现营销失败。

图书营销是一个整体的概念。编辑必须从一开始就注入营销的思考，把营销思维贯穿图书的整个出版过程。要建立全程市场营销理念，从图书选题创意、开发，到图书的编辑、加工制作直至图书的发行等环节，每一个细节都要考虑到读者、考虑营销需要。

这样的营销，才是有效的。

创新思维 2

图书营销的关键：像商人一样思考

不仅要花时间在内容编辑上，更要投资时间在营销活动上。

全球畅销上亿册的《心灵鸡汤》的作者马克·汉森认为，做好图书营销最关键的地方，就是用商人的方式去思考。

编辑不仅是产品制造者，更是一个创业者。你有一件产品要卖，你需要像商人一样去思考，怎样才能把这产品卖出去。这就意味着，你不仅要花时间在内容编辑上，更要投资时间在营销活动上。

如果你的思维还是编辑的（产品制造者），而非商人的（出售产品），那你就很难做好营销。

华楠在研究出版时，甚至不提“读者”，而是代之以“消费者”，商人思维可见一斑。

马克·汉森认为，像商人一样思考，需要找出下面七个问题的答案：

（1）你的读者是谁?

（2）迫使他们买你书的理由是什么?

（3）你应该用什么方法找到他们?

（4）我的营销预算是什么?

（5）我已经有的适当资源是什么?

（6）我认识什么人可以帮助我?

（7）我今年的销售目标是什么?

这七个问题，需要在选题策划时就考虑清楚，在这个基础上制定出完整的营销方案（推广方案）。

请注意，营销方案应该是在做选题策划时就拿出来的。

请记住井狩春男的话吧：

出书后才想“怎么卖”，为时已晚!

图书营销的核心：凝聚说服策略

你要用最经济的语言告诉读者，这本书，值得买回家。

营销的核心，其实就是“说服”。不只是出版业，任何行业都是如此。

你需要找出明确的市场卖点，也就是图书（产品）的价值、魅力、特色等，然后坚定不移地围绕卖点进行运作，说服读者买你的书。所有的环节、手段，都要围绕“卖点”运作，避免出现偏差。宣传方案、书评之类自不必说，书名、封面、内容简介、作者简介、内容版式、发行等各个环节和细节，都要考虑和符合营销的需要，突出卖点。

为什么需要这样做？因为你要让读者花钱买书。而从古至今，让别人从钱包里掏出钱来，都不是件容易的事。

你要想想书店里有那么多书，而一个行色匆匆的、精明的读者，上一次书店通常也不过买上三五本；想想一个读者从一排又一排书架面前走过时（或在网店浏览时），眼睛能在某本书上停留多长时间（能有三五秒钟已经很不错了吧），就知道这有多重要了。

编辑在建立说服策略时最常遇到的问题是：一本书有很多内容，很多亮点，不知道该如何取舍。于是，封面上印满了密密麻麻的宣传方案，告诉读者：本书作者很NB、内容很伟大、文字很有趣，以及读者追捧、名人力荐、编辑感动……其结果却是各种信息相互打架，无法突出重点，也就难以凝聚说服策略。

你不可能用整本书的内容去推销书。说服策略必须建立在“有限的时间和篇幅内”，你要用最经济的语言告诉读者，这本书，值得买回家。

陈颖青认为，有两件事情是建立说服策略时应该牢记的：

（1）要引人入胜（所以你要注意“戏剧性”）；

（2）要易于传播（所以不能太复杂）。

创新思维 4

你需要说服的，不只是读者

图书销售往往不能由编辑直达读者，所以需要“关键中间人”。

不过，说服策略不只用来说服读者，更重要的是用来说服“关键中间人”。

图书销售往往不能由编辑直达读者,所以需要“关键中间人”。

陈颖青认为，关键中间人是你的讯息和终端读者间的资讯中介。你的讯息需要经过中间人才能打动终端读者。“对买书的决策而言，我们不只需要知道某本很棒的书，我们还需要知道有谁推荐它。关键中间人表面上只扮演讯息中介的角色，但由于他们披露的讯息有限，任何讯息显然都经过筛选，因此对接受讯息的人而言，那就意味着不言而喻的推荐（或精选）。”

目前国内出版的关键中间人包括：

（1）发行人员。

你首先要说服发行重视你的书，去认真地做发行，重点做推广。

（2）渠道（包括主渠道、二渠道、网店等）。

这是图书抵达读者的最重要途径。一本书，如果所有的渠道都能铺到货，实体书店做堆头、网店做首页推荐，那它的销量就一定会大增。我们甚至可以说，铺货是最好的营销。

（3）高收视、收听、阅读率的电视电台节目、网站或平媒。

这是扩大读者群的有效手段。不过不要拘泥于读书栏目，娱乐、时政类的影响力会更大。

（4）与本书主题相关的媒体。

如果是一本财经类的书，在专业的财经媒体做宣传当然是必要而且有效的。如果是生活品质、心灵成长类的书，作者又有知名度，赶快邀请时尚类杂志来做专访吧！

（5）豆瓣、微博等。

论坛和博客似乎有点过气了，现在的最新营销利器是豆瓣和微博。什么？你还没有微博？那可太 OUT 了！

封面，影响购买者的最大机会

当图书市场竞争越来越激烈时，封面也就成为营销的重要手段了。

井狩春男说，书店要平摆、秀出封面，才能成就畅销书。

在互联网时代，网上销售或宣传的每一本书，都是可以秀出封面的，封面就显得更为重要。

封面最早的作用，其实只是保护内文，也就是包装。最早的封面几乎没有什么装帧概念，但到了后来，当图书市场竞争越来越激烈时，封面也就成为营销的重要手段了。

这与菲利普·科特勒关于包装的观点是一致的："在这个竞争激烈的环境中，包装或许是销售者影响购买者的最后机会。它变成了一个'五秒钟商业广告'。好的包装能使企业获得竞争优势……相反，设计糟糕的包装会令消费者头疼，因此使企业失去销售机会。"

责任编辑不一定要会自己设计封面，但一定要明白，封面要表达的主题和意图是什么，主要元素是什么。然后把你需要表达的传达给美编（封面设计），由他来完成。

衡量封面设计好坏的标准，首先看是否准确表达了你的主题和意图。关键元素是否容易看到，容易理解，容易引人注目。书名是否突出，主次是否分明，还有，是否美观。虽说封面传达的理念大部分仰赖文字，少部分仰赖版面和图像，但如果封面做得太难看，还是会把读者赶走的。

（关于封面制作，请参考本书第六章“畅销书封面制作的18条军规”）

创新思维 6

书名，最重要、最长效的营销工具

绝大多数读者会根据书名判断买不买书，而不会先看完了书再去夸赞书名之妙。

“只靠书名就能成为畅销书。”这是井狩春男的观点。

当然，井狩春男是极端了一点。陈颖青就比较中肯：“一本书有没有魅力，能不能吸引人，书名只是部分原因。有书名不怎么样但销量和口碑都很棒的书，也有书名伟大得不得了但内容一团糨糊的书。”

不过陈颖青也指出，“书名是一本书最基本，同时也是最持久的广告”，“书名是所有图书营销工具中最长效的工具。它会从一本书还未上市（例如出现在图书馆预行编目中），一直到该书绝版，持续存在（例如出现在图书馆的藏书目录中）。没有任何营销或文宣工具像书名那样具有永恒的穿透力”。而且，“如果你的书没有得奖记录，作者也没有名气，在国外又不是畅销大书，而你也没有预算为它造势宣传，那么书名就会是你最重要的营销工具。你必须仰赖书名直接牵动读者的兴趣”。

一个好书名未必能成就一本畅销书（当然可能性会大一些），但烂书名，却极有可能会毁掉一本原本很有畅销潜质的书。

井狩春男说很多书失败的原因在于书名，是很有道理的。

好的书名有许多标准，制作好书名也有许多技巧。好书名未必一定要精准地传达一本书的内容，但要做到让人眼前一亮，想拿起来看一下。坏的书名，则是让人无感，直接飘过。

有些编辑（作者）喜欢给书起一个高雅、深奥、有典故的书名，“读者看完了书就会知道书名的妙处了”。几乎可以断言，这种做法，除非是十分知名的作家、真正重量级的著作，否则十有八九会把书做死的。

读者最早看到的是书名，而不是内容。绝大多数读者会根据书名判断买不买书，而不会先看完了书，再去夸赞：“哇，这个书名好有内涵。编辑真伟大，真了不起！”

（关于书名制作，请参考本书第五章“畅销书书名制作的21条法则”）

创新思维 7

腰封，仅次于书名的营销利器

对于平装书来说，腰封的作用就是打广告。所有不以打广告为目的的腰封都是耍流氓。

通常来说，读者拿到一本书，第一眼会看书名，第二眼会看腰封——有些腰封做得醒目的，甚至会让读者先关注到腰封，然后才会去看书名。

腰封在营销上的重要性，由此可见一斑。

通常认为，腰封是仅次于书名的第二营销要素。

对于平装书来说，腰封的作用就是打广告。

所有不以打广告为目的的腰封都是耍流氓。

腰封要么不用，用了就不能含羞带怯。

尽管大声嚷嚷好了。

有些文字你不好意思放在封面上，放在腰封上就没事。

用最大的字体在腰封上印出你精心撰写的广告语，耸人听闻些也没关系；或者是多少名家推荐、获过多少奖、轰动多少个国家、销量几百万册之类文字。

基于“大声嚷嚷”原则，腰封颜色与封面最好能有强烈对比；腰封文字与腰封也应该有强烈对比。

腰封文字不宜太多，简洁至只有一行最好。

原则上，我觉得腰封文字超过三行是不合格的。

（关于如何制作优质腰封，请参考本书第七章“畅销书腰封制作的 12 条法则”）

创新思维 8

内容简介，你可能需要写三个

从媒体立场和营销角度来看，没有简介简直是不可原谅的。

内容简介确实是容易被忽视的地方。颇有一些编辑，在编辑内文、制作书名和封面时都很下功夫，到了简介，就随便对付一下。甚至有些书根本就没有内容简介。从媒体立场和营销角度来看，这简直是不可原谅的。

基于营销需要（媒体报道和网店销售等），一本书，可能需要写好三个内容简介。

首先是一句话简介

你要像写广告语一样，写好这一句话简介。因为除书名外，这一句话简介就是最重要的营销工具。如果你对这句话满意，可以用最大号的字体，把它印在腰封上，或者作为副书名印在封面上。

知道吗，《闪开，让我歌唱八十年代》原名《记忆碎片》，现在这个书名原本是出版社编辑给加的腰封文字，也就是我们说的一句话简介，这句话实在太闪亮了，《记忆碎片》再版时，就拿它做了书名。

此一句话简介对媒体制作新闻标题也是重要的参考。但它更重要、最直接的用处，是在网络营销上。

通常来说，所有的畅销书都会在网络上进行连载。而在连载时，标题区因为显示器很宽，书名长度不够，为了版式的美观，通常会再加上一句话。与其让编辑费力气加一句你未必满意的话，不如你提前替他制作好了，让他直接用。

某些网店比如当当网，也会在书名后面加上说明，如本书的重要卖点、某某推荐之类。这时你精心编撰的一句话简介就派上用场了。

其次是 100 字简介。

明眼人一看便知，这个 100 字简介是为了微博营销而存在的。

微博已经成为重要的营销利器，需要我们好好研究它，利用它。

微博长度是 140 字，因为你还需要在微博里加上书名、作者等重要出版信息，还需要加上购书链接（这很重要），所以大概写 100 个字就够了。

这个简介基本上也可适用于网络连载和网店销售。注意看一下，网络读书频道和网上书店，有专门一小块就是放图书简介的。

最后是 400 字简介

通常来说，如果媒体要做个书介、发个消息什么的，400 来字也就差不多了。

你给的简介多一些，媒体编辑可以删，但如果太少，想加上去就不太容易。

考虑到写作的方便，可以用上面说的 100 字简介作为这 400 字简介的第一段，然后再扩充到 400 来字好了。

也就是倒金字塔结构，最重要的放在最前面。

特别要提醒一下，对于小说而言，只拿一个故事梗概做简介是十分失败的。因为它很难突出卖点，同时也很难编辑。媒体和网店编辑都会摇头叹息的。

创新思维 9

序与跋，都要简短动人

序与跋都要围绕营销做文章，不要过于游离主题。

序与跋也是常会被编辑忽略的地方。其实它很重要。通常来说，序和跋相当于简介的详写版。好的序和跋能感染读者，增加销量。同时，媒体编辑也会从序和跋中寻找可供报道的观点和细节。

在很多时候，编辑往往放任作者自己随便写上几段，或是邀请名人写上一篇，名人之作也不好意思修改，原文照登。这其实是不够负责的。

序与跋都要围绕营销做文章，不要弄一些不着四六的文字放上去。通常来说，我很怕一本书有很多、很长的序，序作者可能是名人，却可能从跟本书作者的交情一路谈起，洋洋洒洒数千言，根本触及不到实质性问题。

如果序是名家之作，不方便修改的话，起码也要分分块，起几个能吸引人的小标题。

（嘿嘿，有注意到本书的序吗？不过 2000 字而已，却有三个小标题呢。）

实在不行，编辑自己动手写个编辑推荐吧。自己编的书，自己熟悉，应该知道其闪光点、卖点在哪里。

但是务必要简短、动人。编辑推荐最好一页写完，最多不要超过两页。其实我觉得，好的序也应该是这个篇幅就够了。可以让读者站着看完，然后感兴趣，买书，才是上品。

顺便说个八卦。

1920 年，蒋百里从海外归来，写了一本《欧洲文艺复兴史》，请梁启超作序。梁启超十分喜欢这本书，下笔不能自制，一篇序言竟写了 5 万字，而蒋百里原书也不过 5 万字。梁启超觉得“天下固无此序体”，只好另作短序，而将此长序取名《清代学术概论》单独出版，反过来请蒋百里为该书作了序言。

嗯，这个八卦说的就是，序要短。

创新思维 10

作者简介，也要突出营销

作者简介要与本书定位相同，最好能突出权威性，最好能新颖、有趣、有故事。

唉，相对于内容简介，作者简介是更容易被忽视的部分。我猜测许多编辑是这样操作的：作者给了简介，看也不看，直接糊上去。

有一本军事题材的书，作者简介是：某三线城市小镇的中学校长——这个介绍，对于营销来讲，不仅无益，反而有害。如果换成某著名军事论坛版主（这也是他的身份之一），是不是会觉得好许多？

还有某书简介，在全国多少家报刊上发表文章多少篇（还要列上报刊名，包括三四线城市的报纸），被多少家媒体转载……一看就是个此前没有出过书的雏儿，对这书不能有什么期待。

作者简介，也需要编辑精心编撰。要与本书定位相同，要显得NB，别露怯。

为了让人容易记住，容易打动读者，最好形式新颖，最好有趣，最好能有故事。

罗琳、霍金那样的传奇经历，是最适合印在勒口上做简介了！

权威性和故事性，能有一项就是好简介；两者兼得，恭喜你，这书离畅销不远了！

创新思维 11

简短些、有趣些，拜托！

浅显易懂的写法比艰涩难懂的写法要困难得多，这是需要才能和努力的。

绝大多数读者喜欢浅显易懂的文字。冗长、晦涩、有许多注释和说明的文字，往往会让人望而生畏。

简洁、轻松、有趣、有故事，才容易读下去。

“多分行，用短句，少虚词”，是相当实用的法门。

欧化的长句子、一个自然段能占满一页，这种写法，已经过时了。

编辑在约请作者写稿时，哪怕对方是大牌作者，也要鼓起勇气对他说：“拜托，请写得简短些、有趣些。”

你可以告诉他井狩春男的观点：“浅显易懂的写法比艰涩难懂的写法要困难得多，这是需要才能和努力的。”

如果你必须编辑一本内容艰深的书，而又不能做过多改动，做内容提要是个比较讨巧的方法。给每一小节都做一个提要，让读者在读不下去正文时，扫一眼提要，就觉得自己已经读过书了。

注意到了吧？本书的每一小节，都是有提要的。

创新思维 12

易读性，不能违背的排版第一律

许多所谓的版面设计，最喜欢做的，就是给读者增加阅读障碍。

见过一些书，一看便知在排版上下了很大功夫，很有创意、很新鲜、很惊艳、很炫，但是很可惜，这种做法是失败的。

因为它违背了排版第一律：易读性。

易读性（Readability），指大量文字读来舒服，不易疲累。

易读性的最高境界是“透明”，你根本没有注意到你正在读字。

陈颖青认为，“编辑的基本功课里，有一个很重要的目标，就是把作者的思想意念完整、忠诚、清楚地传达出去。500 年来编辑排版技术的演变，设标题、分段落、重字体、讲版型等都是朝向这个目标前进，让文字更容易阅读，让作者的意念更容易传达，让沟通的电阻尽量降到零。”而在美国、日本等出版大国，“版面易读性几乎是排版的第一律，绝对不能违背的”。可惜的是，许多所谓的版面设计，“最喜欢做的，就是把‘影响易读性的重要因素’多挑几个来违背”。

陈颖青说的是台湾地区的出版现象，但用来对照我们当下的出版，发现真是惊人的相似。

陈颖青指出了影响易读性的几个重要因素，简要摘抄如下：

(1) 字体与字级：宋体字（中宋、细宋为限）的易读性最高。对于一般成年人来说，10.5 磅（即“老五号”）是最常用的标准大小。给儿童和老年人看的书，通常可以有更大的字体。

(2) 行间、行长与对齐：行间要够宽，行长要对齐。行长越长，行间就要越宽。内文最好设定齐头尾。

(3) 内文字：别搞反白。别铺太深的色底。别压在图片上。字间不要太松。别印成色字。

(4) 版心：版面不能塞满字，一定要留天地左右边。版心位置应全书统一。每一块版心，都应该与边界维持适当距离。

(5) 避头点和尾点：这二者都会阻断阅读的顺畅。

(6) 用纸：别用会反光的纸。

创新思维 13

铺货是最好的营销

只有消费者在终端售点见到产品，才有消费购买的可能。

宝洁公司曾这样论述过铺货的重要性：

你是世界上最好的产品，有最好的广告支持，如果消费者不能在售点买到它们，就无法完成销售！只有消费者在终端售点见到产品，才有消费购买的可能。

这对于图书也是一样的。一本书，如果首印量充足，各个渠道全能铺到，而且书店里有海报、做堆头、秀平封，网店首页封推、默认搜索框热门推荐，甚至在机场、高铁、超市、地铁、咖啡厅、电影院等也都随处可见，它的宣传效果是不言而喻的。

马克·汉森的《心灵鸡汤》之所以成功，主要原因之一，就是他把货铺到了常规渠道之外。

相反，我们倒是常常会遇到这种情景：在媒体上看到某本书，觉得很感兴趣，但是上网店查，没有；实体书店里也没有。那这营销就是无效的。

顺便说一下，在做营销推广时，应与编辑部门和发行部门多加沟通，掌握出版节奏。要避免宣传滞后，书已上市还悄无声息；也要避免宣传提前，宣传攻势铺天盖地，书却还未印出，不知何时能铺到渠道。这两种情况，对销售都是不利的。

不必去“求”媒体发稿

改变一下思路，把“求媒体发稿”变为“让媒体主动来找”。

许多图书营销的日常工作，就是维持媒体关系，好多上自己的宣传稿。这个过程应该说不是太愉快的，需要低姿态，有时甚至需要苦苦哀求人家多上个稿、给大点版面。

可不可以不这么上赶着？

当然可以。

改变一下思路，把“求媒体发稿”变为“让媒体主动来找”。

上赶着不是买卖，与其求人，不如让人求己。

而要做到这一点，就要多动动脑子。最关键的地方，是把某一书出版的消息做成社会化甚至娱乐化新闻，做成媒体和受众关注的热点。

这样不仅容易上稿，而且宣传效果也会比求人发稿要好得多。

周德东恐怖小说《奇门遁甲》出版时，有媒体做了半个版的深度报道，但并不是单纯地报道书，而是以《奇门遁甲》为由头，剖析恐怖小说热的现象。此报道迅速引发媒体广泛关注，不到一周时间，全国就有百余家媒体刊发了相关的报道和评论。

相对来说，出版行业的营销思维和营销方法还是比较落后的。从事营销的编辑不妨多琢磨下其他行业的营销手法，必有益处。

关于图书营销，请关注我出版的另一本书《畅销书营销浅规则》。

没有消息才是最坏的消息

有不同声音才能引发更广泛的关注，造就长期的话题。

未入出版圈子之前，我是一个书评人。

当时写书评以批评为主，颇有几家报纸很喜欢那种尖酸刻薄、一针见血的风格，不断地约稿；但是现在，我已经很少写书评了。

因为圈子里熟人太多，写一个批评性的书评，很可能是，出版社、图书公司、作者都会通过各种关系找过来，主旨是，大家都不容易，高抬贵手吧。

这事儿让我很郁闷。书评，是对书的评论，既然是评论，就不能只是一团和气，全部说好，那样的书评还有什么看头？

同时，就营销的角度来说，批评性的书评未必就是坏事，因为有不同声音才能引发更广泛的关注，造就长期的话题。

被关注永远不是坏事。

对于营销来说，没有消息才是最坏的消息。

做营销不妨有点逆向思维，制造一些（可控的）负面消息或是批评性报道、书评出来。在一片赞歌的营销环境中，这些另类的声音更能吸引眼球，也显得更真实。

好话说得多了，读者会审美疲劳，对好话的信任度也会降低。我个人的经验是，小批评、大帮忙性质的书评，会更容易传播，同时因它（貌似）公允的态度，也更为可信、效果更好。

Chapter 5

第五章

畅销书书名制作的21条法则

井狩春男曾经断言，只靠书名就可成为畅销书。

我们即使不能像他一样极端，但起码也得承认：好书名是销量的基础和保证。好的书名，可以说是销量的一半。

在本章里，我会和大家分享关于畅销书书名制作的21条法则。

需要提前说明的是，这21条法则并不能涵盖畅销书书名的全部。不过大致来说，符合以下法则之一的，已经算是合格书名；同时符合三条到五条的，可以说就是畅销书书名了。

法则 1

广告性法则

书名未必是内容总结，但一定应该是广告。

2012 年，《一个背叛日本的日本人》“空降”全国各大图书畅销榜。这是一部剖析日本第二次世界大战真实心态的长篇悬疑小说，作者是日本“国民级作家”“悬疑宗师”松本清张。其实早在 10 年前，国内就有出版社引进了版权，以原名《球形的荒野》出版，但销量十分惨淡。后来仅仅是改了个名字重新出版，就一炮走红。

但是如果你读过这本书，就会发现，《球形的荒野》与小说内容契合度更高，它更能精准地表达本书的内容、意图和情绪。

只是，对于中国读者而言，《一个背叛日本的日本人》更有卖点。

我们通常会以为，书名应该准确地表达出一本书的内容，但这很可能是错误的。

书名首要的价值，是传递阅读价值，激发读者（购买）的欲望。

有人煞费苦心，起一个（自以为）很有内涵的书名，得意洋洋地以为，读者读完本书后，就能体会到这个书名的伟大和精妙之处。

省省吧。

绝大多数读者，是先看书名后看内容，而不是相反。

如果你的书名不足以吸引他，他就会无视你的这本书。

他根本就不会看到你的内容，又怎么能体会到书名的妙处?

法则 2

“眼前一亮”法则

编辑最重要的工作之一，就是制作出让读者眼前一亮的书名来！

我做书评编辑，大概每周都会收到出版商寄赠的数十本样书，电子邮箱里的图书资料更是多到让人几乎看不过来的地步。

一直被这样“狂轰滥炸”，审美疲劳是肯定的。有些书到手，甚至连塑封都懒得打开。这其实也算业内公开的秘密吧：哪个书评编辑手里，没有一批根本没有翻看过，甚至根本没有打开过塑封的书？

但是颇有一些书，让人看了书名就眼前一亮，想拿过书来翻看一下。

请记住这些书的名字：

《把恐龙做成大餐》《关于爱和性的一切，你全错了》《一碗粥装得下半部历史》《兄弟在美国的日子》《世界如此险恶，你要内心强大》《为了报仇看电影》《我知道你不知道的自己在想什么》《全中国最穷的小伙子发财日记》《吃的真相》《卷卷就能瘦》《别怕，我家孩子也是爷爷奶奶带》《死在路上也不错》……

什么是好书名？

通常大家会以为，畅销书的书名就是好书名，销量平平的书就是坏书名。这其实是错误的。一本书畅销与否是由多方面因素决定的，作者、编辑、发行、营销甚至是小概率事件都可能对书的销量造成影响，的确有些书书名平平却很畅销，也有些书名不错的书销量一般。

但是好书名还是有标准的。

简单地说：让读者看到书名就眼前一亮，就想先睹为快，这就是好书名。

编辑最重要的工作之一，就是制作出让读者眼前一亮的书名来！

而身为写作者，如果能制作出这样的书名，也一定有利于自己著作的出版，对自己跻身畅销书作家行列很有帮助！

法则 3

关键词法则

在书名里嵌入关键词，将阅读价值准确地传递给读者。

一本书写的是什么，读者群在哪里，如何利用书名将阅读价值准确地传递给读者群，这是制作书名时必须考虑的问题。

北京读客图书公司董事长华楠曾经谈过《藏地密码》这个书名的制作经验："如何将有力的关键词植入到书名中去，是思考的第一步。书名必须直接体现阅读价值……取名"藏地密码"，我们就在一秒钟内传达了两个价值。其一，这是一部关于西藏的书。其二，书名的形式符合小说书名的习惯，一看便知这是一部小说。这个名字可以在一秒钟之内，抓住热爱西藏的小说爱好者。"

其他优秀的书名如《朱镕基讲话实录》《史蒂夫·乔布斯传》《货币战争》《中国留守儿童日记》《谁都逃不过的中国经济

大泡沫》等，也都十分准确明白，读者可以在第一时间看到本书的内容、价值观和卖点。

这类书名通常看上去很平实，没有什么花哨，似乎没有技巧，却有“重剑无锋，大巧不工”之效果。

制作这类书名要诀是“关键词”。首先明确本书的读者群、卖点，确定关键词，然后在起书名时，务必把这些关键词嵌进去。让读者只看书名，就知道本书在说什么，只看书名就能达到目标。

以《葡萄酒的一切 & 自酿葡萄酒》为例，顾名思义，这本书肯定是卖给葡萄酒爱好者的。这个群体品位要求很高，“葡萄酒的一切”在某种程度上不仅满足了读者爱好的需求，也有“一书足矣”的想法。而“自酿葡萄酒”，则在品位、贵气之外，增加了生活情趣，也扩大了读者范围。

应该提醒的是，对于品种比较多的领域来说，仅用关键词法则往往不够，与其他法则配合使用效果才会更好。

法则 4

共情法则

从消费模式上看，感性消费的层次远远高于理性消费。

按照需要层次理论，精神和心理上的需要总是高于基本生理需要的，消费需要也是如此。也就是说，从消费模式上看，感性消费的层次远远高于理性消费。如果一本书的书名，可以直接引发读者的共鸣，激发读者的情绪，就可以穿透理性，到达感性层面。

《闪开，让我歌唱八十年代》原名《记忆碎片》，对比一下，是不是前者更有感染力？

《孩子不睡不睡就不睡！妈妈怎么办？》，看了这个书名，那些因孩子不睡觉而抓狂的父母们，是不是马上就有了共鸣？对比一下，《让宝宝睡好的秘诀》之类的书名，真是弱爆了！

身为悲催的上班族，看到《干吗要上班》《可不可以不要上班》这类书名，是不是顿有知己之感？

而购物狂们，看了《不买会死……吗？》，应该会“心有戚戚焉”吧？

在这个瞬息万变的时代，我们最稀缺的，恐怕就是安全感了。《30岁后，你拿什么养活自己？》，在瞬间，击中了我们的软肋。

《致我们终将逝去的青春》《不负如来不负卿》《那些年，我们一起追过的女孩》《你若安好，便是晴天》《因为懂得，所以慈悲》《我是个年轻人，我心情不太好》《我就是想停下来，看看这个世界》《淡定的人生不寂寞》等也都是引发共情的典型案例。

法则 5

“贩卖”理念法则

所谓营销，并不是在出售产品，而是在贩卖一种有格调、有价值的生活理念。

从消费行为与消费心理的角度来分析，当代人崇尚精神生活、彰显自我个性、追求个人价值的消费心理日趋明显。所以有营销达人称，所谓营销，并不是在出售产品，而是在贩卖一种有格调、有价值的生活理念。书名制作也是如此。

《20 几岁，决定女人的一生》，指出女人一生中最关键的时期——二十几岁。对错姑且不论，理念是足够新鲜明白的。此书先在韩国热销，引进版权后，又引发跟风书无数，可见是个极为成功的书名。

《女人不“狠”，地位不稳》，传统观念认为女人要做淑女、做贤妻良母，这个书名却要女人“狠”一点，很有冲击力，加之作者的影响力，很快上了畅销书榜。

《别怕，我家孩子也是爷爷奶奶带》，不仅传递理念，还有感性层面的情绪消费，可以说是很优秀的书名。可惜书名长了点，念起来也不够朗朗上口，算是小小的遗憾吧。

其他诸如《好妈妈胜过好老师》《男人来自火星　女人来自金星》《孩子你慢慢来》，也都传递了作者的价值观和生活理念。

法则 6

创造概念法则

二流编辑制作产品，一流编辑创造概念。

“二流企业卖产品，一流企业卖概念”，这早已是广告营销界的共识。

把这句话移植到出版界，大概可以说是“二流编辑制作产品，一流编辑创造概念”了。

一个新的概念，会引发读者的兴趣点，一旦与读者的情感产生共鸣，消费情绪就会被激发起来。

吴思先生说，他当初发现“潜规则”概念时，“心中窃喜”。他当时大概没有想到，这个词让中外历史文化研究者倍感震惊，也让数百万乃至数亿读者耳熟能详。这个词，甚至成为中国“21世纪第一词”。来看看这个书名吧，《潜规则：中国历史中的真实游戏》，如果把“潜规则”这三个字去掉，还有多少感染力？

社会人格越来越独立，职场身份却越来越奴隶化，这可能是许多人的感触。《上班奴》这个书名创造了新的概念，有足够的冲击力：原来，我们不是“上班族”，而是“上班奴”！

类似的还有《中年奴》。人到中年，为各种琐事所牵绊，事业、家庭、老人、孩子、理想、现实……重重压力，让人无可奈何，无处可逃。“中年奴”这个词，暗合了广大中年人的心态。

法则 7

关注热点法则

所谓热点，就是这个时代、这个社会绝大多数人都在关注的话题。

捕捉社会热点策划图书选题，算是出版界的“常规动作”了。而在制作书名时，更要突出社会热点。

所谓热点，就是这个时代、这个社会绝大多数人都在关注的话题。把热点嵌入到书名之中，自然能引发更多的关注。

生活的压力，现代人越来越强调的“自由”和“独立”，使得不买房、不买车、不办婚礼甚至没有婚戒而直接领证结婚成为“80 后”最新潮的结婚方式。《裸婚》这个书名应运而生。

城管一直是被关注甚至是被鄙薄、抨击的群体。真实的城管是什么样的？他们是穿制服的土匪，还是身不由己的末端执法者？他们是体制下的怪胎，还是民众情绪的宣泄出口？他们是窦娥之后，最冤枉的人吗？《城管来了》抓住了社会热点，足够引人注目。

法则 8

实用主义法则

不管什么题材的书，只要在制作书名时把它的实用价值挖掘出来，它的销量就一定会大增。

必须承认，功利化阅读要占据阅读的很大份额。那么，制作出一个实用主义的书名，给人以“看了就有用，就管用”的感觉，就可以最大限度地吸引读者。

健康是每个人的人生大事，而看病难、看病贵也成为一个很现实的问题。《很老很老的老偏方，小病一扫光》应运而生。用老偏方治小病，是极度的实用主义。

《卷卷就能瘦》，给人的感觉是，极度简捷实用的减肥书。

《全中国最穷的小伙子发财日记》，传递了这样一个信息：最穷的人也能发财，他一定有发财秘籍，照方抓药，自己也能发财。

有一本小说叫《房的事儿》，是一家民营公司出的。我参与该书策划时了解了一下内容，得知这是一对 80 后小夫妻努力打拼，毕业后用两年时间就买到房的故事。听到这里，叮，头上一盏灯，马上说了一句："为什么不用《毕业两年就买房》做书名呢？"编辑也马上眼睛一亮，立刻联系出版社想改书名，但遗憾的是书名已经定了，改不了了。最后这句话用在了封面文案上。想想看吧，如果用这句话做书名，《毕业两年就买房》，谁不想去探究一下主人公的心得秘籍？

简单说吧，无论你是一本什么书，感悟体、小说、情感甚至是历史，只要你能在制作书名时，把它的实用价值挖掘出来，体现出来，这本书就一定会销量大增。

法则 9

一二人称法则

三种人称里，最让人感到亲切和有“近在眼前”感觉的是第一人称和第二人称。

要力石先生在《图书策划88法》里有专门篇幅论述书名的人称问题，分析得极为透彻到位。我再写也是画蛇添足或者班门弄斧了，所以厚着脸皮，直接引用如下：

> 我们知道，写作一共有三种人称——第一、第二、第三人称，至于图书名，有四种取名法：三个人称和无人称。其中最让人感到亲切和有“近在眼前”感觉的是第一人称和第二人称。有许多文学作品因为成功地使用了第一人称而让人铭记一生，比如陀思妥耶夫斯基的《白夜》，由于使用了第一人称而非常亲切感人。
>
> “全国2003年1月非文学畅销书排行榜前30名与2002年12月在榜情况对照表”中一共有30本图书。其中

属于第一和第二人称的有这么几本：《让健康伴随着您》《谁动了我的奶酪》《你今天心情不好吗？》《我的野生动物朋友》《你为什么是穷人》《我爱你妈妈》，占 20%。

再看"全国 2003 年 1 月文学类畅销书排行榜前 30 名与 2002 年 12 月在榜情况对照表"，有《王蒙自述：我的人生哲学》《我为画狂》《我为歌狂》《假如给我三天光明——海伦·凯勒自传》《有了快感你就喊》《我的心中每天开出一朵花》，也是 6 种，占 20%。这个比例不是偶然的，多少可以说明一些问题，图书书名的策划要多考虑对读者的吸引力。

使用第一、第二人称会使你的书更容易为读者接受。请尽量不要使用第三人称。

法则 10

数字法则

数字在50以上100以下，会给读者简洁易读、书中项目既多又划算之感。

要力石研究近年来图书起名情况，发现了一个令人玩味的现象，即“数字图书”。他说，图书名喜欢用 66、99、101 等数字。北京图书大厦 2004 年 5 月的社科类榜单的前 30 本图书，书名带数字的就有 10 种。比如《你一生必去的 66 个地方》《女人一生追逐的 30 个梦想》《影响你人生的 100 个名人》等。

为此，有读者总结了几条秘诀，在起书名时一是多用阿拉伯数字，少用汉字。二是在设计上数字字体要比周围的汉字字体大上几号，或封银或烫金。三是从 6、8 等数字变为用生僻数字，比如用 101 等。

要力石认为，在书名中加入数字，是策划者忽悠读者的手段。这话似乎颇有对数字书名不以为然之意，却也反映了一个事实，读者确实容易被书名中的数字所忽悠。

井狩春男认为，加入数字，肯定会使书名变得更有力。因为这个书名可以让读者在购读之前，先获得某种程度的成就感。数字在 50 以上 100 以下，会给读者简洁易读、书中项目既多又划算（便宜又大碗）之感。相反，数字少于 50 时，读者会有吃亏之感。

不过这也未必是铁律。数字小的书名，可能会给读者以“这很容易做到”的心理暗示，如《高效能人士的七个习惯》；数字很大的，则给读者以量足优惠的占便宜心理以及从众心理，如《终极 15000 单词放口袋》《潜意识：改变 9600 万人命运的超级神秘力量！》《家常菜精选 1288 例》等都同样畅销。

另外，据我的经验，大于 100 而小于 110 的数字，读者也很容易买账的。而在这个范围内，又以 101、105、108、109 比较容易让读者接受；这四个数字中最受欢迎的数字，则是 108——现在你明白梁山好汉为什么是 108 条了吧？

数字还有一种比较特殊的用法，即“第一”，《我的第一本 ×××× 书》，绝对是畅销范儿！

法则 11

“这很容易”法则

畏难偷懒是人类的本性，我们喜欢有捷径可走。

2009 年，中华书局出了一本书，叫《一本书读懂中国史》。该书出版后迅速大卖，并引发跟风无数。至今为止，到当当网上搜索“一本书 + 读懂”、“一本书 + 看透”、“一本书 + 学会”等关键词，大概有五六百个结果。

《一本书……》为何如此畅销？因为它给了读者一个心理暗示，这件事——读懂某段历史、学会某项技能、开家公司、学会投资理财、保持身体健康、顺利升职……其实都不难，都很容易做到。

畏难偷懒是人类的本性。我们惧怕投入大量时间和精力，去艰苦卓绝地完成一项任务。所以，当有人告诉我们这件事有捷径可走时，我们一定心怀欢喜，自动被他催眠。

看一下近年来上了图书畅销榜的部分图书：《瞬间读懂顾客心理学：如何让潜在需求者变成实际购买者》《出发，才能到达：3000 美金周游世界》《慎小嶷：十天突破雅思写作》《君之的 10 分钟蛋糕》……这些书名都是在向读者暗示，这些事都很容易做到。

法则 12

突出名作者法则

如果作者足够有名，可以把他的名字直接嵌入书名。

分析近几年来畅销书榜上的书名，会发现一个有趣的现象：有名气的作者，其名字往往会直接嵌入书名之中。这一现象有愈演愈烈之趋势。

随便摘一些书名出来：

《杨澜：一问一世界》《朱德庸：大家都有病》《蔡康永的说话之道》《朱镕基讲话实录》《席慕蓉经典作品》《李敖：我的人生不可复制》《李欣频的私房50》《刘慈欣科幻经典：三体全集》《于丹趣品人生》《袁腾飞讲中国历史》。

最有趣的是易中天的《品三国》，从封面上看，该书名里并没有“易中天”三个字。但是在网店销售和畅销书排行榜上，该书的书名都是《易中天品三国》。

根据畅销书的“3214 法则”，一本书能不能畅销，作者知名度占 30%。如果作者足够有名，把他的名字直接嵌入书名是很自然的做法。

法则 13

走极端法则

做人不必走极端，但制作书名要尽可能走极端。

有次在网上闲逛，无意中看到一本书，当时就被吸引了。

这本书的书名叫《关于性与爱的一切，你都错了》。

如此走极端的、耸人听闻的书名，估计颇能吸引一批读者：我怎么就错了？也许我真的错了？赶快拿来看看吧。

作者，或者说是编辑的目的就达到了。

要走极端，才更有力量、有冲击力。

走极端，观点会更鲜明，更能吸引人。

做人不必走极端，但制作书名要尽可能走极端。

类似的走极端书名还有《别说你懂交际学》《别相信任何人》《30 岁以前别结婚》《别以为你懂孩子的心》等。

法则 14

诉诸权威法则

没办法，人类总是迷信权威的。

图书营销的第一课，其实是告诉读者，这本书值得购买。

如何“值得”？诉诸权威是个好办法。

前面提到的，把知名作者嵌入书名中，在很大程度上来说，也是为了诉诸权威。

同样一个经济学观点，你来说，和郎咸平来说，效果估计有天壤之别吧？

还有些书名，隐隐制造“不 ×× 就丢人现眼（落伍、失败等）”的压力，如《常青藤式的精英教育：中国父母不可不知的家庭教育新理念》《不能错过的英语启蒙：中国孩子的英语路线图》以及“必去”“必读”之类。这类书名其实也是诉诸权威的。

法则 15

疑问句法则

疑问句有着“请人参与”的姿态，能激发好奇心和参与度。

日本出版人鹫尾贤也说，自己曾经接到一本叙述欧洲近代以来进口食物改变饮食生活和味觉的图书，原书名叫《餐桌的近代史》，这个书名显然没有什么特点。最终决定的书名是《欧洲人的舌头如何改变？》。这个疑问句激发了读者的好奇心，也赋予了本书生动活泼的风格。

近几年的畅销书榜上也颇有一些疑问句书名，如：《有钱人为何用长钱包》《幸福了吗？》《郎咸平说：我们的日子为什么这么难》《时寒冰说：经济大棋局，我们怎么办》《谁动了我的奶酪》《企鹅的脚为什么不会冻？》《给你一个公司，你能赚钱吗？》……

疑问句有着“请人参与”的姿态。普通的陈述句我们可能不会太多关注，而祈使句又有可能因为情绪和立场让人反感，疑问句却能润物无声地接近受众，使他们主动参与。我们在遇到疑问句时，会不自觉地开始思考相关问题，好奇心和求知欲会被激发出来。这是疑问句书名容易畅销的根本原因。

不过，并不是所有的疑问句都有用。陈颖青如是说："最有力量的问号需要具备两个条件，一是，这件事大家很熟悉；二是，通常不知道解答。"

法则 16

“正能量”法则

畅销书的书名，大半是明亮的、积极的。

“正能量”是天文学专有名词。以真空能量为 0，能量大于真空的物质能量为正，能量低于真空的物质能量为负。

近年来“正能量”被广泛使用，泛指一切给予人向上，给予人希望和追求，使人行动的动力和感情。

大家都有这样的经验，跟一个积极、乐观、勇敢的人在一起，他的情绪会影响到你，让你充满向上的力量；相反，跟一个总是抱怨、诉苦的人在一起，你的心情也会跟着低落，跟着悲观、失望。

书名也是一样的。畅销书的书名，大半是明亮的、积极的。如《告诉孩子你能行》《淡定的人生不寂寞》《微博，改变一切》《一瘦就瘦一辈子》《世界如此险恶，你要内心强大》《因为痛，所以叫青春》《不抱怨的世界》《人生不设限：我那好得不像话的生命体验》《拆掉思维里的墙：原来我还可以这样活》《谢谢你折磨我》《活出全新的自己》，都是充满正能量的。

法则 17

双书名法则

尽量用一个书名说明所有问题，但在主书名不够用时，就可以考虑加上副书名。

井狩春男对副书名颇不以为然。他认为，副书名对于要成功推出一本畅销书，几乎没有任何作用。因为大多数的读者都不会注意副书名。

不过副书名既然存在，也就有它存在的价值。

一些有点名气的作者常常喜欢为自己的书起一个有意境的、典雅的、深奥的书名，但是这类书名往往是读者不感兴趣的。解决这一问题的方法就是使用双书名。主书名让作者满意，副书名用来吸引读者（这类书的副书名需要放得醒目一些）。“主书名 + 副书名”，各取所需，皆大欢喜。

有时候，因为原书名实在过长、平淡、拗口或是学术化，不利于传播，就只好取一个简短些的书名，而把原来的主书名作为副书名。比如《死亡课：关于死亡、临终和丧亲之痛》，还有我们前面提到的《瞬间读懂顾客心理学：如何让潜在需求者变成实际购买者》。

在网络时代，因为搜索引擎的缘故，书名最好使用解释性书名，最好包含与该书主题相关的关键词。比如一本写职场的书，如果书名里没有“职场”这个关键词，在搜索引擎里的排序就要大大落后于有“职场”这个关键词的书。如果书名全部由关键词构成，也会雷同且索然无味。解决这个问题的方法依然是使用双书名。起一个新鲜有趣、能吸引读者眼球的主书名，加上一个含有主题关键词的副书名。

不过要提醒一点，如无必要，还是尽量少使用双书名。双书名也是有副作用的。它太长，会影响媒体传播，以及会给书店、网店的录入管理等带来麻烦。

尽量用一个书名说明所有问题。只有在一个书名不够用时，才考虑用双书名。

法则 18

以“怪”制胜法则

怪书名足够新鲜刺激，让读者看到书名就有好奇心，想打开来一睹为快。

英国《书商》杂志每年都会有一个“最古怪书名奖”。2011年度入围名单有：《与螃蟹一起学烹饪》《安藤先生的奔宁山日记：一个日本小鸡性别鉴定者1935年在约克郡海伯敦桥的回忆录》《基督教艺术里的蘑菇：基督教发展史中耶稣的身份》等。

有媒体在报道这一新闻时，顺便也把国内的古怪书名拿出来批判了一番。其实大可不必。

请记着我们关于好书名的标准：让人眼前一亮的，就是好书名。

近年来出版的图书，颇有一些是以怪书名取胜的。

《我知道你不知道的自己在想什么》。估计很少有人看一眼就能记住书名，甚至认真看上几遍还是不能顺畅地说出来，但绝对会印象深刻。

作为著名华裔笑星黄西的自传，《黄瓜的黄，西瓜的西》有点搞怪，有点无厘头，既引人注目，又符合黄西笑星的特点。

《为了报仇看电影》。看电影，点明内容；报仇，有点搞怪，又有点神秘感。

《鱼和它的自行车》《等待是一生最初的苍老》很符合小资、文艺青年的阅读趣味。

《怎样把仓鼠变成化石》《挖鼻史》《如何谋杀你的丈夫》《如何处理仇人的骨灰》，会很受重口味、恶趣味阅读群体的欢迎。

其他的还有《把恐龙做成大餐》《病假指南》《大便书》《禅与摩托车维修技术》《一百种尾巴或一千张叶子》，这些怪异的书名，足够新鲜刺激，让读者看到书名就有好奇心，想打开来一睹为快。

法则 19

情色法则

使用情色法则要十分慎重，防止触雷。

当年上广告创意课，听到一句 NB 的话：情色是永远的生产力。

食色，性也。人类对情色的关注，是永恒的。

许多国际广告设计，无论是公益广告还是商业广告，都会出现情色的元素。使用得当，自会吸引更多眼球，更具观赏性，甚至成为经典。

书名制作也应如此。

有些书本来就是两性著作，书名里出现情色理所当然，比如《海蒂性学报告》《第二性》《同性恋亚文化》《虐恋亚文化》《关于性与爱的一切，你都错了》。

有些书则根本与情色无关，比如《厨房中术》是一本美食书,《情色之花》和《玫瑰之吻》是讲植物学的,《野蛮人的性生活》更是一本堪称严肃的人类学著作，因为书名里出现了情色元素，也就颇能吸引眼球。

《我，睡了，81 个人的沙发》讲的是主人公做沙发客旅游世界的经历。沙发客是指一种在别人家沙发借宿的旅行方式，充满着新奇、有趣和刺激，是一种比较时尚前卫的旅行方式，颇受白领青年的欢迎。同类题材的书籍并不算少，如《我睡沙发去旅行》《你家沙发借我睡》《沙发旅行》等，对比一下，还是《我，睡了，81 个人的沙发》有隐晦的情色，更有冲击力，更让人浮想联翩。

不过使用情色法则要十分慎重，防止触雷。

法则 20

对比法则

有强烈的对比，会给人留下更深的印象。

怎样让白纸显得更白？把它放到黑色背景上。

怎样让美女显得更美？找个丑女做她的伙伴。

有强烈的对比，会给人留下更深的印象。

起书名也是一样。

把两个完全不搭界的、相隔十万八千里的、风马牛不相及的元素拼到一起，形成强烈对比，自然会引人注目。

有本书叫《僵尸经济学》，内容是讲许多经济学理论已经过时了，像僵尸一样失去活力。如果它叫《过时经济学》，是不是马上让人没了兴趣？

《佛陀的厨房》《一碗粥装得下半部历史》《量子江湖》《把恐龙做成大餐》《全中国最穷的小伙子发财记》也都符合对比法则。

法则 21

填空法则

有些词句，天生特别容易吸引眼球。

你有没有发现，许多畅销书名是可以被不断复制克隆的？

没错，有些词句，天生特别容易吸引眼球。

只要把这些词句拿过来，填个空，就能制作出好书名。

比如：

一本书读懂（看透、学会）____；

____就这么简单（其实并不难）；

____就上手；

白痴也能懂的____；

别笑，我是____；

为什么____；

男人____，女人____；

____ 岁，可以决定 ____ 的一生；

别以为 ____；

好 ____ 胜过好 ____；

____ 圣经；

____ 的 ____ 条法则。

2012 年，可以肯定被填空最多的书名是：

舌尖上的 ____。

其实你只要愿意用点心思，就可以总结出许多这样的流行词句。

实在制作不出好书名时，翻出来，填空即可。

Chapter 6

第六章

畅销书封面制作的18条军规

著名书籍设计师吕敬人把书分为三种：第一种是复制，要完全原汁原味；第二种叫商品书，注重流通性和方便性，为了压缩成本就要减少设计印制方面的开销，更多的仅是在封面上做一些商业性的设计；第三种则将设计作为核心来做，给设计师最大的自由度，使设计本身成为一件艺术品。

就性质而言，畅销书应划分到商业书的范畴。商业性的设计自有其规律和标准。畅销书封面并不是一个虚无缥缈的概念，而是有章可循，可以按图索骥、照方抓药的。

以下就是畅销书封面制作的18条军规。

军规 1

封面不仅是包装，更是广告

好广告吸引读者，坏广告会把读者吓跑。

封面（包括封底）最初是为了保护内文存在的。最初的封面根本没有什么设计感，基本上也就相当于我们上学时，为了防止课本磨损而给它包上书皮。然后为了识别方便，又在上面写上书名。当然，在保护的同时也会想要漂亮，拿挂历纸包出来的总是比报纸包的要好得多。

对于作为商品的图书来说，封面并不只是保护和美观这么简单，它更应该承载的功能，是促进销售。

简而言之，就是打广告。

广告也有好坏之分，好广告吸引读者，坏广告会把读者吓跑。

封面要传达理念，主要靠文字（最重要的是书名）来完成，其次才是图像和版式。

如同我们在上一章提到的书名制作一样，颇有些编辑或设计师喜欢设计出有“内涵的”封面来，以为读者看了内容后会体会到设计之妙。这是无用和本末倒置的。几乎所有读者，第一眼看到的都是封面，而非内容。如果封面设计不能突出卖点，不能吸引读者，那毋庸置疑，它是失败的。

军规 2

编辑传达意图，设计师负责呈现

如果编辑自己也不知道自己要传达的意图是什么，那可就太糟糕了！

任何一个封面设计，都要完成一个核心任务：呈现编辑所要表达的意图。

有的封面设计师会以“我认真读了本书才去设计封面”而自豪，其实大可不必。

设计师不必读书，他只需要了解编辑所要表达的意图，然后以合适的形式去呈现就够了。

读书，以及知道封面需要表达什么，这是编辑的事，而不是封面设计师的事。

编辑不一定需要会设计封面，但一定要明确知道自己想通过封面表达什么意图，然后传达给设计师。

如果编辑自己也不知道自己想要表达的是什么，那可太糟糕了！

但这样的事是常常会有的。我们常常见到诸多不着四六的封面，你拿着这样的封面去问编辑：你想要表达的意图是什么？使用这个图案、这个元素想要表达什么意思？

他十有八九会瞠目结舌、无言以对。

军规 3

封面颜色，应温暖或明亮

经典畅销书的封面色，是永远的红与白。

井狩春男认为："成为畅销书的图书，在颜色的选用上都有共通性，也就是所谓的暖色系。我把这种颜色称作'畅销书颜色'。封面色调阴暗的图书，几乎都被打进仓库安息。最有力的颜色，也就是红与白的组合，是指乳白色和红色系、粉红色或橙色、黄色等的组合。这并不是我的歪理，有明确的数字可查。畅销书的封面设计几乎都是这些颜色组织而成的。"不过，他也特别指出一点，小说可以例外。

这段话十分有道理，但也不全对。

绝大多数畅销书的确是永远的红与白，但也有些冷色调的书，一眼看上去，也会让人心生欢喜。

井狩春男对暖色的定位多少有点机械。他以为只有颜色才决定冷暖，但事实上，决定冷暖的不只是颜色，还有亮度。

冷色调的亮度越高，越偏暖；暖色调的亮度越低，越偏冷。

也就是说，绿色、蓝色之类本来是冷色调，但是提高亮度，就近于暖色调。甚至纯黑色，如果上了高光，也会显得不那么冷，相反会有大方稳重之感（不过我们得承认，以黑色为封面主色调的书，几乎没有畅销的可能）。

而红色、橙色、黄色，本来是暖色调，但是亮度很低，就近于冷色调——暗淡的火苗，给人的往往不是温暖，而是寒冷和绝望，就是此理。

畅销书的封面要做到温暖、明亮，而不能晦暗。如果选用冷色调，应该尽可能调高亮度。

当然不同类型的书，封面色选择也应该有所不同。比如悬恐小说，往往会选用比较惊悚、幽暗的封面。

但是，我注意到，蔡骏的《天机》系列，主色调还是很明亮的。

军规 4

突出书名，是封面设计的核心原则

版式和图案再好，也不能喧宾夺主。

在诸多封面元素里，最重要的元素无疑是书名。

封面设计的核心，就是要突出书名。

书名应该醒目，让读者一眼就能看到。

书名的位置最好靠上一些，处于黄金分割点的位置，这样无论在美观度还是辨识度上都占据了优势。书名偏上还有一个好处，就是当图书平摆在货架上秀出平封时，不容易被货架挡到书名。同时需要设计腰封时，也容易留出余地。

字体要适度加大。有些图书为了夺人眼球，将书名占据了封面的三分之二，甚至几乎占满整个封面，这种做法虽然恶俗了些，但如果设计得巧妙，倒也能让人接受。

书名颜色与封面颜色也应有比较强烈的对比，这样才能更醒目一些。

书名的字体一般来讲，以印刷体为宜，手写体一般适用于小众书、精品书或者名家常销书。

一本书所要表达的意图，大部分依赖文字，小部分仰仗版式和图像，而文字里最重要的又是书名。

设计师常常会忍不住把封面设计当成艺术创作，力图出彩、漂亮。但是一定要记住，无论什么样的设计，突出书名都是第一要务，版式和图案再好，也不能喧宾夺主。

军规 5

封面缩小至方寸，也应能看清书名

在媒体上宣传和在网店里销售时，封面往往会缩小至邮票大小。

身为出版媒体编辑，我常常替一些书扼腕叹息：

这些封面设计得其实还算不错，可惜书名太小，在报上发个书讯或书评，封面缩小至方寸，就根本看不见书名了。

在网媒宣传和网店销售时也是如此，书名会变得只有邮票大小。如果在封面设计时没有考虑到这些，就会严重影响营销效果。

考虑到媒体宣传和网店销售的需要，设计完封面后，记着把它缩至邮票大小，再看看能不能清晰地识别书名。

军规 6

书脊上的书名，也应该尽量醒目

绝大多数图书都是插在书架上卖的，读者能看到的，仅仅是书脊。

基于许多图书要上架销售，仅仅露出书脊，所以在设计封面时，书脊上的书名也应该尽量醒目。

大书店的书、重点的图书可能会码堆卖，但是小书店以及大书店里的绝大多数图书，都是要插在书架上卖的，读者能看到的，仅仅是书脊。在这种情况下，书脊上的书名最好能大一些，尽量做到显眼。

不过也不能大得离谱。任何元素搭配都是协调才好，都有一个“最佳”。通常来说，书脊上的书名字体以印刷体为好，一来容易辨认，二来也美观大方；书名要大而醒目，但不宜超过书脊，以留有空白为好。

军规 7

知名度高的作者，要尽量突出

作者知名，那就是重要的卖点。

根据“3214 法则”，作者（或主人公）的知名度，占畅销比例的 30%。

作者知名，那就是重要的卖点，不亚于甚至超过书名。

封面设计时，就应该突出作者，让读者一眼就能认得出。

通常的做法是：

将作者的肖像印在封面上，近年来卖得比较火的名人书大半都如此操作。

知名作者的名字应该适当放大，但不得超过书名的字号。

书名里可以加入作者名以强调作者的身份，如《于丹：重温最美古诗词》《袁腾飞讲历史》等。

还有调整颜色，形成鲜明对比等。

军规 8

品牌书系，要特别突出品牌

你能记起《哈利·波特》系列的书名吗？

封面应该加上品牌书系（或丛书）的 LOGO，以便让读者较好地认知这套书的定位、读者需求、出书品类等，而且能让书系的同类书起到市场的互相促进和宣传的作用。

品牌书系卖的其实是品牌，而不是某一本具体的书——你能记起《哈利·波特》系列的书名吗？

所以，品牌书系需要突出的，并不是某一个单本的书名，而是整个品牌的书名。

接力出版社 2004 年出的《淘气包马小跳》系列（欢乐珍藏版盒装）就深得其中三昧："淘气包马小跳"这几个字，印得比《欢乐老爸》之类的单本书名要大得多，醒目得多。

杜拉拉系列，使用的是双书名。之二时"杜拉拉"三个字还小于“似水华年”，之三和大结局时就远大于“我在战斗的一年”和“与理想有关”。嘿嘿，人家是真知道，什么才是卖点啊。

《哈利·波特》走的是另外一个路子：不用双书名，而在书名里嵌入系列品牌，即《哈利·波特与……》。毫无悬念地，“哈利·波特”这四个字都是超大、超醒目的，与其一比，“与密室”“与魔法石”“与火焰杯”之类，根本小到不值一提。

读者买书，是冲着“哈利·波特”“杜拉拉”“淘气包马小跳”这些品牌来的，一定要突出品牌而非某本书的具体书名。但突出具体书名、弱化品牌却是品牌书封面设计时最常出现的问题，一定要引起高度注意。

军规 9

像制作广告语一样制作封面文案

封面文案贵精不贵多，只用一个书名就能说明所有问题，才是最牛的。

有时候，书名并不能完全表达书中的精妙之处，或是不足以卖，这就需要其他封面文案来补足。

必须明白一点，书名也是封面文案，而且是最重要、最核心的文案，其他文案撰写都应该围绕书名做文章。

如果书名足够，就尽量不要再去撰写其他文案。只用一个书名就能说明所有问题是最牛的。

精妙的封面文案是给封面加分的。制作封面文案应该是责任编辑必做的功课，但是真正能写出好文案的并不多见。

我们常见的是，在封面、封底，甚至前后勒口上写大量广告宣传语，密密麻麻数百字之多，生怕人不知道这书写得多好。

但对于读者来说，文案过多字体就会偏小，就不容易关注；过多的信息会让读者眼花缭乱，难辨你真正想表达的是什么。

封面文案贵不在多，而在于精。需要像广告语一样有煽动力，能吸引读者购买。在此基础上，最好能对书的内容和价值完美点睛。对于某些读者来说，可能后者更重要，更能打动他们。

军规 10

除非刻意，否则不使用生僻字

书名里原则上不要出现生僻字。但如果你想运用某个生僻字作为营销的噱头，也可以尝试。

通常来说，做封面文案（包括书名），要用大众熟悉的词汇、字，不要用生僻字。

使用生僻字达不到读者与作品信息的流畅沟通，就等于选择了拒人于千里的方式，如何让读者来选购你出的书？

不过也有例外。如果是书名出现生僻字，真的不太容易让读者辨认，就可以在文案上加以说明，反而有可能起到让人豁然开朗以及印象深刻的作用。

说说与封面无关与生僻字有关的事吧。我这个“鲆”字算是生僻字吧，通常第一次见面时对方往往会问这个字，但一经见过就会记忆深刻。

封面文案里最好不要出现生僻字，如果你想运用某个生僻字作为营销的噱头，也可以尝试。

军规 11

如使用腰封，务必精心制作

腰封是营销利器，但如果随大流瞎对付，那不如不做。

腰封最早出现时，对销售的确很有帮助。当年余秋雨给《相约星期二》作荐，一条难看的腰封加上一句“余秋雨教授推荐并作序”，就帮助该书成为超级畅销书。时至今日，几乎无书不腰封，司空见惯后不免有些审美疲劳，腰封的促销作用也就越来越小了。

鉴于此，对腰封应该谨慎使用，能不使用时，就尽量不要使用——毕竟也是成本对不对？

同时，在见惯了各种恶俗腰封之后，突然有一本没有腰封的书出来，反倒可能给人耳目一新之感。

怎样才能不使用腰封？首先要在书名上下功夫。制作一个别致的、引人注目的、让人看了就想买书的书名，那么腰封就可以省掉了。请记住，书名才是第一营销要素。当你的书名已经可以完全表达你的理念时，就根本不需要用腰封了。

若一定要使用腰封，切记腰封的作用是打广告，要“大声嚷嚷”，不能含羞带怯。要精心撰写腰封方案，使之成为一句响亮的、可以流传的广告语。腰封与封面要各司其职，不能相互重复，甚至相互打架。

（关于腰封制作，请参考本书第七章“畅销书腰封制作的12条法则”）

军规 12

名人荐书，有用但需节制

名人荐书有一定的广告作用，但效果与推荐者的名气、专业地位有关系。

名人推荐是包装图书常用的方法，它是通过大众对名人的崇拜来拔高图书的品质，促使读者快速判断并形成购买的有力手段。

名人代表一定的权威性，拥有一定的号召力，名人荐书可以增强读者对此书的认可度和信赖感，对作品宣传还是有一定作用的。

《山楂树之恋》出版时，作者名不见经传，书名也很普通，通常情况下很难被市场看好。但出版方邀请全国各大知名的作家、名人进行试读，并将他们的名字悉数列在腰封上作为对该书的推荐，结果大受欢迎，成了超级畅销书。

目前名人推荐已经过多过滥，结果是透支了名人的公信力。

现在使用名人推荐需要十分谨慎。名人荐书虽然有用，但也要把握个度，适可而止。

尽量不要拉不搭界的名人来推荐。超级名人例外，他们推荐任何书都是可以的。

尤其不用可能引起人反感的名家来推荐。名家都是双刃剑，很多读者也许就因为厌恶某位名家，反而不买这本书。

有一点需要特别强调一下：名人荐书通常不要印在封面上，而是要印到腰封上。

军规 13

草根推荐，更具可信度

大众一般会认为，身份相近的人说的话可信度更高一些。

现在许多图书都会利用封底位置刊登读者推荐和读后感，对图书做更全面的介绍，拉近读者的距离，这是一种很好的方式。

名人荐书现在被使用得太多太滥，以至于让人直接无视甚至心生反感，普通读者的读后感，却因其草根性更容易让人信任。大众一般会认为，身份相近的人说的话可信度更高一些。

印在封底上的读者推荐或读后感，让人觉得这本书受到很多人的欢迎，也让人在短时间内知悉书中内容的精彩之处，从而让读者在偶遇中购买此书。

就购书体验而言，普通读者在实体书店里买书，大都会习惯性地看完封面再看封底；而在网上买书的读者，也会习惯性地看评论和评星，网上评论多的图书也一定会促进销量，甚至连批评性的评论也是如此。只要不是一边倒的批评就行。

军规 14

美与实用不可兼得，舍美而取实用

美有点见仁见智，实用却只有一个标准。

对于畅销书的封面设计来说，首先要考虑的当然是实用，以好卖为先；其次考虑的才是美观与否。

当然，实用与美观并不是对立的，有时候也可以鱼与熊掌兼得，既实用，又美观；但当美与实用产生矛盾时，就必须舍美而取实用。

美，多多少少有点见仁见智；实用，却只有一个标准。

这并不是说，畅销书的封面就应该往难看了做。实用优先，在美观方面起码也得及格。强调实用性，只是为了纠正一下过度设计、不知所云的弊端罢了。

陈颖青说得很辩证，美丽的设计不代表有力量，而有力量的设计并不代表会很丑。

他还说："因为封面美丽而买书的读者，数量十分稀少，但是因为封面很逊而嫌弃的倒很常见。"

再强调一次：取实用并不意味着就是要设计到很丑，那样还是会把读者赶跑的。

起码也要及格吧。

军规 15

首先考虑读者，其次配合内容

最糟糕的就是“配合内容”的封面设计。

井狩春男认为，封面不需要去配合内容，而是应该配合阅读那本书的读者心情来设计。他甚至认为，最糟糕的，就是“配合内容”的封面设计。设计师、美编最重要的，应该是去思考这本书的封面是否能吸引读者的购买。

井狩春男的观点也许有点偏激，却颇值得深思。现在确实有一种倾向，设计封面时努力配合内容，而没有考虑读者的需求和心理。这可以说是致命的问题。我们即使不能像井狩春男一样极端，起码也得承认，设计畅销书封面时，必须以读者为导向，首先考虑读者需求，然后考虑配合内容。有些封面设计得很艺术，但读者必须在读完书后，才能明白封面在说些什么，这个封面基本上就是失败的——当然，如果封面的指向性并不明确，却有着极强的视觉冲击力，有着新颖的表现形式，使人看了封面就会激发好奇心，想知道这本书说的是什么，那也不失为好的封面。

军规 16

多做减法，砍掉所有无用细节

拼命做加法，反映了编辑骨子里的不自信。

近年来封面设计有一个潮流或者说是误区，就是拼命做加法。

除了书名外，还要写一大堆封面文案；封面设计超级繁复，犹嫌不足，最后还要加上腰封；UV 用了，还要磨砂、起鼓；把所有的元素、各个工艺全部用上，封面很绚烂，却显得杂乱无章、不分主次。这真是个致命的错误。

我觉得这种现象反映了编辑骨子里的不自信——他并不知道一本书的重点和核心价值在哪里。所以只能眉毛胡子一把抓，把能想到的东西全加上去，把会的十八般武艺全使出来。

效果其实并不好。

须知，大道至简，最有效的设计其实是，砍掉所有没有意义的装饰。

越单纯的设计越有力量。

封面设计应该尽可能地做一做减法，把无关的元素去掉，把最重要的书名凸显出来。

在你做任何处理之前，都要问问自己，这样做，有助于表达我的意念吗？能把最重要的东西突出出来吗？

你敢不敢这样做一本书？封面至简，不要腰封、不要宣传语、不要 UV、不要起鼓，甚至连图案都不要、颜色也减到最少，除了作者、出版社外，就是简简单单印个书名，其他什么也不要。

军规 17

封面封底不必有“整体感”

你在买书时，会把书平摊开来去欣赏“整体感”吗？

在设计封面时，封面、封底是一起设计的——这好像是句废话，其实大有深意。

设计师通常会提供一张展开图，包括封面、封底、书脊以及前后勒口，于是便有编辑在那里挑剔细节，说这张展开图没有整体感——也确实有设计师特别注重这个整体感，他们甚至会让一张图贯穿整张展开图，形成一个完整的方案呢！

这样做是没有太多意义的。你在书店里买书时，会把封面封底平摊开来，把勒口也打开，去欣赏那个整体感吗？

封面、封底、书脊以及前后勒口，根本就是不同的版面。

它们各有各的任务，应该分开设计，突出各自的价值。有整体感固然更好，但没必要在这方面浪费过多精力。

军规 18

既要“是”同类书，又要能脱颖而出

设计封面时不能就书论书，而要在更大的空间范畴里考虑：当这本书挤在200本同类书的平台上时，效果会怎样?

通常来说，不同类型的畅销书，封面也有不同的风格。两性、官场、财经、悬恐各类图书，往往只需要看看封面就知道是什么类型。

曾有出版策划人称，自己设计图书封面就是不随大流，别人用粉红，自己一定要用蓝色，一定要反其道而行之。这样做也是有风险的。风格不对，可能就会错失目标读者。比如《龙纹身的女孩》，原是一本超级棒的社会推理小说，主要读者群应该是男性，但起了个性别特征过于明显的书名，封面和广告语就像是告诉男性读者，这书跟你们无关，别看了！

在设计封面时，既要有同类书的风格，又不能没有个性，湮没在同类书里面，这就需要花很大的心思。

建议是，设计封面不能闭门造车，以为自己的设计很有特色了，往书店里一摆，就“泯然众人矣”。要多到书店里看看，在设计封面时不能就书论书，而要在更大的空间范畴里考虑：当这本书挤在200本同类书的平台上时，效果会怎样？

一本书的封面设计，既要符合这个类别的特色，又要考虑跟同类书摆在一起时，能不能显得有特色，能不能脱颖而出。

这就不仅是“术”，而近于“道”了。

这才是考验设计师功力的时候！

Chapter 7

第七章

畅销书腰封制作的12条法则

腰封，通常也叫书腰、书腰纸。附封的一种形式，是包裹在图书封面中部的一条纸带，属于外部装饰物。

腰封最早用于精装书籍，起到保护书皮封面、增加装饰性的作用。后来大量用于平装书，其作用主要是配合营销或书籍推荐。

通常认为，大陆出版物使用腰封是受中国台湾地区影响，而台湾地区则主要受日本影响。资料表明，台湾地区图书腰封的历史大约有20年，现在出版新书中有腰封的所占比例约为30%至40%。

大陆第一本真正意义上用于营销的平装书腰封，是1998年上海译文出版社出版的美国畅销作家阿尔博姆的《相约星期二》。腰封文字为“余秋雨教授推荐并作序”，在当时取得了极好的营销效果。目前大陆新书腰封使用率估计超过70%，但真正起到营销作用的并不多。

法则 1

腰封，为营销而存在

腰封是封面上重要的营销元素，其重要程度仅次于书名——尽管它似乎并不是一本书的必配品。

从普通读者的角度来看一本书，首先关注的肯定是书名，其次就是腰封了。所以井狩春男有这么一个比喻：如果书名是眼睛的话，那腰封就相当于嘴巴。

从图书营销的层面来说，腰封是封面上重要的营销元素，其重要程度仅次于书名——尽管它似乎并不是一本书的必配品。

从世界范围来看，腰封是一个比较普遍的出版现象。日本是使用腰封最普遍，也是对腰封研究最科学、最系统的国家。在日本常有各种类型的腰封设计比赛，甚至出版有专门谈腰封的著作。如《日本书腰造型设计实例精选》，收录了近 300 册书籍的含书腰封面及其基本数据与解说，并邀请寄藤文平等多位设计师来发表他们的设计理念。可惜的是，此书至今没有引进中文版权。

但日本装帧大师祖父江慎对花样翻新的腰封作品并不以为然。他甚至认为，对于腰封来说，“美观不是最重要的因素”，“如何以书腰来强烈注入不同的能量，提升书籍的销量，才是更重要的事……”

井狩春男也把“如何制作吊人胃口的书腰”列为书的营销要件之一。他说，腰封是为了“激发读者的购买欲”而存在的。“我始终认为，书腰上的文字，最重要的任务是向读者‘灌迷汤’。”所谓“灌迷汤”，也就是吸引读者购买之意。

如果说精装书的腰封更多的是为了保护封面、增加装饰性而存在的话，平装书的腰封毫无疑问是为了营销而存在的。在制作腰封时，需要首先考虑并且贯穿始终的问题就是：

这样制作腰封，对营销有帮助吗？

怎样制作腰封，才能让读者感兴趣，才能激发他们的购买欲？

法则 2

腰封就是用来被扔掉的

腰封存在的价值，是用来吸引读者。当读者花钱把书买到手以后，腰封的使命也就完成了。

调查表明，国内读者少有保存腰封的。绝大多数读者拿到书的第一件事，就是把腰封扯下来，扔进垃圾桶。

不必觉得悲凉。腰封存在的价值，是用来吸引读者，激发读者的好奇心和购买欲。当读者花钱把书买到手以后，腰封的使命也就完成了——假如你在路边收到一份广告，然后据此去买了套房，你不会再把这广告一直保存着吧？

腰封是用来被扔掉的。认清这个事实，在对待腰封时，就要注意这么几点：

（1）不必过于考虑腰封是否美观

请注意我说的是“不必过于考虑”。腰封能够美观当然更好，如果做不到，又有什么关系呢？反正读者拿到书后，十有八九会马上扔掉腰封。

所以，不必过多地耗费精力在研究美观上。你只要突出腰封的实用价值就够了——当然做得太难看让人忘而生厌也是不可取的。

（2）去掉腰封，封面仍应完整

有些设计师把封面和腰封作为一个整体设计，这固然是好的，但有时也会造成这样的情况：去掉腰封后，封面构图就显得不均衡、不完整，觉得头重脚轻，或是缺了点什么。这种设计就是错误的。

请务必记住，腰封就是被扔掉的！

（3）把不适合在封面上说的东西放在腰封上

腰封上最适合放的是在封面上不能说、不好说、来不及说的东西。如井狩春男所说的“让人有先读为快的耸动文字”，不必不好意思，用最大号的字体印到腰封上吧。

反正，腰封不是固定配件，它是要被扔掉的。

（4）不要过于依赖腰封

许多网店和媒体都对腰封存在敌意，要求提供无腰封的封面。鉴于此，不要把所有的营销诉求“只”放在腰封上。这样可以避免腰封被拿掉后，封面上就没有了任何营销信息。

另外，给网店和媒体提供文字资料时，不要忘了把腰封文案加上去。

法则 3

腰封与封面应各司其职

腰封与封面各有专长，各有任务，需要笼统安排，合理分工，各自做好各自的事。

腰封包在封面的外面，会挡上一部分封面。腰封会被很快扔掉，而封面是书的固定配件，除非是被损毁，否则它将一直与书同在。

考虑到这两个原因，在制作腰封时，需要注意以下事项：

（1）腰封与封面应该有统筹安排

在设计封面时就应该把腰封考虑进去，明确封面上放哪些元素，腰封上又要放哪些元素，怎样构图使之成为一个有机整体。

如果先设计出封面再加腰封，十有八九会互相冲突。

（2）腰封和封面应该合理分工

腰封与封面各有专长，各有任务，需要合理分工，各司其职，各自做好各自的事。

按照陈颖青的观点，最适宜放在腰封上的内容包括以下 5 类：（你不敢放上封面的）耸动标题、卖翻天快报、荣获本年诺贝尔奖、限时活动与限量赠品、名家推荐。

封面上应该放书名、作者名、出版社等相关信息，还可加上相关的文案。

腰封和封面上的内容不应该相互客串以及重复。有些设计会在腰封上重复书名、作者等，这是相当无聊且浪费的行为。

甚至还有“创新”的设计，封面上不见书名，腰封上倒是印着大大的书名——如果腰封被扔掉了，这封面还能看吗？

（3）注意被腰封遮住的封面部分

如果是图案还好，如果是重要的文案（包括书名），可就太糟了。

你辛辛苦苦制作出来的文案，不是为了被腰封遮住的吧？

（4）封底部分的腰封要有条形码

腰封会遮到封底的条形码，所以记得要在腰封上加做一次条形码。

否则，书店工作人员会很抓狂。

（5）腰封书脊位置不可留白

可以加上出版社 LOGO 或一句话诉求。

（6）腰封可应景更换

通常来说，封面一经确定，很难改动。而腰封却可以应景更换。

该书同名电视剧正在热播？获了某个国际大奖？销量达到某个天文数字？还等什么？赶快做条腰封加上去吧！

法则 4

把腰封做成优质广告语

像撰写广告语一样认真撰写腰封文案。简练、精准、让人过目难忘、有所触动和共鸣，又易于传播，便是上品。

腰封是除书名外，最为重要的营销文案。而腰封比书名更有优势，就是有些话不方便在书名里说出来，但是放在腰封里就没有关系。

要利用好腰封这个营销利器，就需要像撰写广告语一样认真撰写腰封文案。

（1）一句话的文案最有力量

颇有些编辑习惯于在腰封上印上密密麻麻的文字，这其实是无效的。

腰封文案，贵精不贵多。文字过多，则主次不分，无法突出重点。文字多，则字号小，无法引人注目。

写得越多，越说明编辑抓不住重点，不知道卖点，只好把能想到的东西全部堆砌上去，企图以量取胜——但事实上肯定是失败的。

从阅读心理上来说，越简短精练的文案，越能吸引人的注意力，越能起到好的传播效果。能够以一句话概括，让人过目难忘，才是优秀文案。

原则上，我认为，超过三行的腰封文案是不合格的。

如果你写出了超过三行以上的文案，就应该考虑是否把它推翻重写了。

当然超过三行的好文案也是有的。正常情况下，腰封上最好不要出现三行以上的文字。

如果实在有必要，最好把其中某一行字体放大，其他的字体缩小。

编辑不妨认真琢磨一下其他行业的优秀广告语，像撰写广告语一样撰写腰封方案，必有所获。

（2）好的广告语让人过目难忘，坏的广告语直接把人赶跑

井狩春男举过一个例子：有本书题为“有格调的英语会话入门”，它的书腰上只写这么一行字：“这本书是皇太子妃雅子的最爱！”——你不觉得这本书可以畅销百万册吗？

说实话，好的广告语十分难得，差的广告语则比比皆是，如《问学余秋雨》的腰封文案：“古有三千弟子《论语》孔夫子，今有北大学生《问学》余秋雨”；《天机》第二季《罗刹之国》的腰封文案：“如果你爱蔡骏，你一定要看《天机》，因为《天机》是他一生无法逾越的高度！如果你爱悬疑，《天机》是中国悬疑小说的里程碑”；刘震云《一句顶一万句》的腰封文案：“中国人的千年孤独”；阎连科的《我与父辈》腰封文案：“万人签名联合推荐，2009年最感人的大书，最让世界震撼的中国作家阎连科，椎心泣血的文字，千万读者为之动容，创预售销量奇迹，超越《小团圆》”等都可谓是其中的典型代表。

还有那些司空见惯的恶俗字眼，如“最”“划时代巨著”“不可不看”“飚泪推荐”之类，只会让读者心生反感。

（3）介绍内容不是腰封第一要务，突出卖点才是

许多编辑在撰写腰封文案时，总是试图去高度概括、介绍该书的内容。这其实是本末倒置的行为。腰封是为了营销而存在的，撰写腰封文案时，应以突出卖点为第一要务。

哪些地方是最有特色的？是当下读者最为关心的？这些内容才最应该印到腰封上。

（4）先由简到繁，再由繁到简

一本书可能有许多特色和卖点，怎样才能找到最应该突出的那个？编辑不妨先把所有的想法全都写下来，再从中挑出最应该表达的、最有力量的。也就是说，先由简到繁，再由繁到简。

法则 5

腰封就是要“大声嚷嚷”

腰封既然是为营销存在的，那就要利用一切手段放大声音，而不能欲说还休，让人猜心思。

陈颖青的观点：腰封就是要“大声嚷嚷”。做了腰封又要含羞带怯，不敢大声说话，那还不如别做。

“大声嚷嚷”也有技巧：

（1）腰封配色应该与封面有强烈对比

应该让读者一眼就看到腰封所在，而不应该与封面融为一体。

也可以用荧光底色突出更为夸张的视觉焦点。

（2）腰封文案也要十分抢眼

字体颜色要与腰封底色形成强烈对比。

字体尽量大。不要用手写体。超黑大标宋是首选。

密密麻麻印好几行小字最不可取。如果必须印几行字，那么应该主次分明，把最主要的文字凸显出来。

（3）尽量不要使用阴式版面

大卫·奥格威在《一个广告人的自白》里强调过广告排版的大忌：使用阴式版面。他说："千万不要把你的广告正文排成阴式版面（黑底白字），也不要把广告文案排在灰色或有色的底上。老式的美术指导理论说这种做法会迫使读者去读广告文案，我们现在知道这种办法使读者根本无法读下去。"

毫无疑问，腰封也是广告的一种，那么也应该遵循这条规则。不要使用重颜色的底色，不要使用反白字体，这样会让读者很难读下去。

如果是一行文案，大字号，阴式版面倒是无所谓的。

（4）腰封最好不要花哨

如果封面很素淡，腰封花哨些倒也还好；如果封面本身就很繁复，腰封也制作得很花哨，两者互相冲突、抵消，反而一点也不显眼了。

陈颖青的观点是，腰封只需要用双色印刷（或用四色仿真的双色印刷），就会有完美的效果。

法则 6

腰封文案，要围绕书名做文章

图书营销，就是围绕图书的购买理由构建一套完整的语言体系。而书名，是这个语言体系的核心。

正常来说，一本书的书名就应该是这本书最大的卖点，是所有营销诉求的核心，是提供给读者的购买理由。有时候，因为种种原因，仅仅一个书名的容量不足以承载这些，腰封（及其他封面文案）就应运而生。

从营销角度来看，所谓图书营销，就是围绕图书的购买理由构建一套完整的语言体系。这个语言体系的核心是书名，所有的文案，都应该是对书名的阐释和补充，而不应该各行其是。否则，所起的效果只能是适得其反。

广西科技出版社的《好婚姻，靠修行》，封面文案是："只有独自生活不感到孤独，共同生活也不觉得麻烦的时候——才可以结婚。"该文案与书名相呼应，进一步深化了书名的主题，算是好文案的例子。

必须强调一点，围绕书名做文章，往往容易变成对本书内容的解释，也即“诉诸内容”。而就营销效果而言，“诉诸内容”往往并不如“诉诸权威”和“诉诸群众”好。

（请参考本章“法则 7：善用名人推荐，诉诸权威”“法则 8：善用数据，诉诸群众”）

法则 7

善用名人推荐，诉诸权威

名人推荐的基本原理是“诉诸权威”。诉诸权威永远有用——哪怕这种手段是谬误的而非合理的。

还记得江苏文艺出版社的《山楂树之恋》吗？当时艾米还未成名，这个书名也没有所谓的畅销范儿，它之所以能热卖，跟那一堆名人推荐有着极大的关系。该书可谓腰封史上的一个经典案例：腰封上足足印了 20 个名人，涉及作家、导演、主持人、演员、企业家、媒体人各个领域，都是各个行业的精英。

名人推荐的基本原理即“诉诸权威”。诉诸权威永远有用，哪怕它是谬误的而非合理的——诉诸权威的基本结构是“专家甲在乙领域说的任何事情都是正确的→专家甲在乙领域说了丙理论→因此，丙理论是正确的”。谬误则有许多种，比如说，一个企业家说某本书好，这其实已经超出了他的专业领域，并不值得信任。事实上，他的推荐对于普通读者来说，还是很有用的。同时我们的经验法则也会自动权衡，我们同时被20个名家欺骗的可能性有多大。既然王蒙、刘心武、苏童、熊召政、姜文、潘石屹、马晓春、刘春、姜昆、窦文涛、陈鲁豫、曾子墨、柳云龙、孙俪等都在说这书好，那它的确是应该值得买来读的吧。

但是也要注意，在出版界，名人推荐这一招实在用得太多、太滥了，以至于已经让读者心生反感。所以，在找名人推荐时，还是有些注意事项的。

（1）不要用让人反感的名人来推荐

某作家身陷“抄袭门”，某名人已成“腰封小王子”，某“专家”在业内其实声名狼藉……注意，不要再用他来荐书了，否则效果会适得其反。很多读者会因为厌恶荐书人，不去买书。

（2）不要用需要加注释的名人来推荐

你需要的是名人效应，利用名人的知名度和权威性帮你卖书。那么，在腰封上印一个没多少人知道的、还需要你加注释的所谓名人，有多大意义呢？

（3）尽量用专业人士来推荐

如果是本财经书，让郎咸平、宋鸿兵、吴晓波推荐当然是对的，但如果是本育儿书，你找他们来推荐岂不是笑话？

根据书的性质，尽量找专业人士来推荐，而不要用不搭界的名人。

（4）超级名人可以通吃一切

超级有名的人士，比如政治人物、演艺明星，可以达到无人不知、无人不晓的地步，他们推荐什么都是可以的。

（5）尽量把名人的名字放大

对，你是要靠名人来卖书的，那么尽量把他们的名字放大一些，让人一眼就能看到。如果是多个名人推荐，那就不要再在腰封上印推荐语了，直接用尽可能大的字体印上一堆名字即可——没错，就是《山楂树之恋》的做法。

法则 8

善用数据，诉诸群众

我们都是有从众心理的。大多数人都在读的书，我们就觉得自己也应该读。

所谓数据，自然是“卖翻天”的数据了。

“图书畅销榜连续 24 个月名列榜首，热卖全球 164 个国家，翻译成 86 种文字，总销量超过 6400 万册……”

对于普通读者来说，这些数字（当然，是我随手瞎编的），已经是充足的购买理由了。

这就是所谓的“诉诸群众”法则。

我们都是有从众心理的。大多数人都在做的事，我们就觉得自己也可以做（你可以想一下，在一个路口，所有人都在闯红灯，你还会老老实实地遵守交通规则吗）；大多数人都在读的书，我们就觉得自己也应该读。

这当然不符合逻辑，也是非理性的。但是我们也知道，人类从来就不是完全理性的动物。至于逻辑……它会被经验法则所代替：我们会这样想，“6400万读者同时上当”的概率能有多大？这是我们的风险评估。

商务印书馆的《如何阅读一本书》的腰封文案是：

畅销全球70年

销量超过700万册

中文版5年17次印刷

行销近10万册

这是典型的“诉诸群众”。

我就是因为这个腰封才去买书的。

法则 9

既要节约成本，又要防止损毁

使用腰封会增加直接成本，同时又因腰封容易损毁导致退货率增加，最后都要摊到成本里面。

使用腰封可能会导致两个问题，第一，增加印刷成本。第二，增加退货率。书在架子上插来插去，腰封就很容易坏掉。而腰封一旦坏掉，就只能退货了。

解决方案如下：

（1）腰封与封面尽可能一起印刷

比起单独印刷腰封，腰封与封面一起印刷是可以节约一些成本的。

（2）用纸不要太薄，不能太窄

太薄的纸、太窄的腰封看上去都很小家子气，也容易损坏。通常来说，腰封至少应该为封面的三分之一。腰封至少应该和封面用一样的纸，或者更高级一点的。

（3）尽量不使用竖腰封

竖腰封比普通的横腰封更容易损坏。同时现代人的阅读习惯是从左至右而非从上至下，竖腰封的效果并不好。

（4）最好加上塑封

有腰封的图书最好加上塑封，竖腰封更应如此。否则，腰封很容易坏掉，就会增加退货率。当然加塑封也会增加成本，但是一来可以降低损毁率，二来给人的感觉也很“上档次”，还是很值得的。

法则 10

尽量不要使用假腰封

读者不喜欢腰封可以扔掉它，假腰封就没办法处理，读者很可能会因此拒绝购书。

假腰封也叫伪腰封，是直接印在封面上的。这也许是为了节约成本考虑，但给读者的阅读体验是极其糟糕的。

曾有读者爆料，自己在网上看到某本书的封面，天蓝色封面加黄色腰封，极其难看，但想着腰封可以随手扔掉，也就下了订单，谁知书到手才发现，那黄色的一条原来是个假腰封，直接印在封面上的，想扔也扔不了。他一度兴起把书扔掉的念头，但想想买书花的是自己的血汗钱，最终给书包了个书皮了事。

假腰封看上去很寒酸，像盗版书。同时，读者不喜欢腰封可以扔掉它，假腰封就没办法处理，读者很可能会因此拒绝购书。

前面说过，腰封和封面各有专长，应该各司其职。有些文案如果能够印在封面上，那就不必使用假腰封。否则，还是直接使用真腰封为好。

法则 11

想方设法对抗“审美疲劳”

出现审美疲劳后，腰封的促销作用就越来越小了。需要有新的创意来吸引眼球。

腰封最早出现时，对销售的确很有帮助。但时至今日，几乎无书不腰封，司空见惯后不免有些审美疲劳，腰封的促销作用也就越来越小了。

回顾腰封的历史，凡是让人记得住的、对图书营销有效的腰封，无不是锐意创新、大胆吃螃蟹的。在《相约星期二》之前，没有专门用于营销的腰封；在《山楂树之恋》之前，没有如此多的名人集体荐书，所以，它们都取得了巨大的成功。

目前，腰封可以说已经泛滥成灾，无书不“封”，想再取得同样的效果可就不太容易了。因此，还是要多动动脑子，想想新鲜的创意出来。

有出版商在腰封上印广告，凭广告到某咖啡厅消费可打九折；有腰封上声明，把腰封寄回出版方，就可以参加抽奖；还有可以凭腰封打折购书、参加书友会或与作者见面会……这些都是值得借鉴的。

法则 12

如无必要，不使用腰封

在见惯了各种恶俗腰封之后，突然有一本没有腰封的书出来，反倒可能给人耳目一新的感觉。

据估计，现在出版新书中有腰封的所占比例超过 70%。某出版公司甚至 95% 的图书都会加上腰封，问及为什么腰封会如此泛滥时，答案居然是："如果不加腰封，给人的感觉会是这书不受重视。"

腰封的确对书的营销有帮助，但前提是，你必须做对事才会有效果。就目前而言，绝大多数腰封，可以说是全无用处，白白增加成本而已。而读者对腰封看得太多，差不多到了视而不见的地步。

鉴于此，对腰封应该谨慎使用，如果没有必要，就不要加腰封：

（1）非大众畅销类图书不必使用腰封

使用腰封与否，应该视图书的类型而定。腰封主要起广告作用，大众畅销类图书使用腰封是理所当然的，有学术品位的、精英文化类的书，原则上不必使用腰封。否则，很容易给人媚俗之感，反而降低了图书的品位。

（2）没有好的腰封文案，就不要用腰封

要记住，使用腰封是要增加成本的，如果不能带来可能的收益，就尽量不要用它。节约下来的，都是纯利润啊。

（3）如果书名足以说明问题，就不必使用腰封

从某种程度上来看，腰封是对书名和封面的补充。如果书名足以说明问题，足以吸引读者，就不必再用腰封。

对于编辑来说，不使用腰封代表着底气——我的书名（以及封面文案）和封面设计，完全可以表达我的理念，根本不需要用腰封。

同时，在见惯了各种恶俗腰封之后，突然有一本没有腰封的书出来，反倒可能给人耳目一新的感觉。

Chapter 8

第八章

畅销书封面文案的10种写法

严格来说，书名也是封面文案，而且是最重要的文案。但本书所说的“封面文案”，是指业内约定俗成的、不包括书名的、印在图书封面（含腰封、不含勒口）上的文案。也就是当书平摆时，读者可以看到的那些文案。

通常来说，读者会先关注作者（如果作者足够有名的话，作者就是最重要的购买理由），然后被书名吸引（所以突出书名是封面设计的核心原则），接下来看封面文案，然后会关注作者简介、内容简介、目录、试读章节等，然后决定是否购买一本书。也就是说，在促成读者购买上，封面文案的作用超过简介、目录和试读章节，仅次于书名，甚至，有时因种种原因，书名无法承载准确的信息和充足的购买理由时，封面文案更能起到补充、提升作用。这时在吸引读者注意、促成读者购买上，它可能比书名的作用还要大。

本章精选了10个有代表性的图书封面文案，以介绍封面文案的10种写法。当然，封面文案的写法并不仅限于这10种，但能够熟练地掌握这10种方法，已足以搞定绝大多数封面文案了。

写法 1

诉诸名人

名人拥有广泛的知名度和市场号召力。

优案精选

推荐人

王　蒙 刘心武 苏　童 熊召政

姜　文 潘石屹 马晓春 刘　春

姜　昆 窦文涛 陈鲁豫 曾子墨

柳云龙 孙　俪 张纪中 张　元

陆　川 尚　敬 朱大可 张　闳

——《山楂树之恋》(江苏文艺出版社 2007 年 9 月版)

编客解析

当一个人足够有名，他就可以通吃一切。这也符合马太效应："凡有的，还要加给他，叫他多余；没有的，连他所有的也要夺过来。"名人拥有广泛的知名度和市场号召力，诉诸名人可以通过大众对名人的崇拜增强对此书的认可度和信赖感，促使读者快速判断并形成购买。

诉诸名人是最常见的封面文案写作手法。通常是某位名人写几句推荐语，然后署上自己的名字；也有数位名人联袂推荐的。但很少有哪本书，能够形成《山楂树之恋》这样的豪华推荐阵营：足足20位名人，涉及作家、导演、主持人、演员、企业家、媒体人各个领域，都是各个行业的精英。这个豪华团队推荐，是当年《山楂树之恋》能够成名的重要原因之一。

鉴于目前诉诸名人这一招实在用得太多太滥，让读者心生反感，所以在诉诸名人时，也应该注意几点：比如，不要用让人反感的名人来推荐；要用真正的名人，而不是需要加注释的，除非他是某个领域的专家；还有，尽量有优质的推荐理由，而不是只列个名字。

写法 2

诉诸群众

读者会考量700万人同时上当受骗的概率有多大。

优案精选

畅销全球 70 年

畅销超过 700 万册

中文版 5 年 17 次印刷

行销近 10 万册

——《如何阅读一本书》(商务印书馆 2004 年 3 月版)

编客解析

我是看了上面这个文案，然后决定购买《如何阅读一本书》的。这个文案给人这样的诱惑或者说是压力：大家都在读这本书，你也应该读，你不读就会觉得自己落伍了。

这就是诉诸群众法则。我们都是有从众心理的。大多数人都在做的事，我们就觉得自己也可以做；大多数人都在读的书，我们就觉得自己也应该读。

这当然不符合逻辑，也是非理性的。但是我们也知道，人类从来就不是完全理性的动物。至于逻辑……它会被经验法则所代替：我们会这样想，“700 万读者同时上当”的概率能有多大？这是我们的风险评估。

诉诸群众未必一定要有准确的销售数字。“连续 12 周荣登《纽约时报》畅销书排行榜”“版权销售到 32 个国家和地区”，这样的文案，也是在诉诸群众。

写法 3

诉诸权威

诉诸权威强调的则是在某个领域的专业度和权威性。

优案精选

作者近 30 年从事零售及电子商务管理的总结和分享！

——《我看电商》（电子工业出版社 2013 年 6 月版）

编客解析

诉诸权威与诉诸名人有相似和重合之处，但也有其独特之处。诉诸名人强调的是知名度，诉诸权威强调的则是在某个领域的专业度和权威性。“作者近 30 年从事零售及电子商务管理的总结和分享！”这句文案强调的就是权威性而非知名度。

诉诸权威的基本结构是“专家甲在乙领域说的任何事情都

是正确的→专家甲在乙领域说了丙理论→因此，丙理论是正确的”。一个人在零售和电子商务领域有近30年的管理经验，那他一定是权威的，他说的话，是我们可以信服的。

获得某某奖项，强调的也是作者的权威性——被这个领域的专家广泛认可，代表这个领域的顶尖成就。

写法 4

诉诸唯一

唯一即不可替代。仅此一家，别无分店。

优案精选

史玉柱迄今为止唯一公开著作

——《史玉柱自述：我的营销心得》(同心出版社 2013 年 6 月版)

编客解析

最好做的生意就是垄断，仅此一家，别无分店。你只要消费，就得上我这儿来。

实际上，图书市场的竞争实在是太厉害。国内一年出版 30 多万种图书，而就算是一个热爱读书的人，一年读上五六十本书也不算太少了。

怎样让读者购买一本书？诉诸唯一，是好的办法。唯一即不可替代，你只能买这一本。“史玉柱迄今为止唯一公开著作”，强调的就是唯一性。你想买本书了解史玉柱、学习他的营销心得，你就只能买这一本。

《看见》（广西师范大学出版社 2013 年 1 月版）的宣传文案（不是封面文案）里有“央视知名记者、主持人柴静，首度出书讲述十年央视生涯”的句子，强调的也是唯一性——“首度”给人的感觉，就是唯一。实际上，这里玩了个小小的语言花招。《看见》并不是柴静的第一本书，早在十多年前，柴静就出版过《用我一辈子去忘记：夜色温柔的故事》（海南出版社 2001 年 8 月版），大致内容是自己担任电台主持人的经历。不过对于“央视柴静”，的确是“首度出书”，这样宣传对销量有好处。

写法 5

诉诸实用

有用是最强有力的购买理由。

优案精选

读《毕业了，我们一无所有》，毕业后少走五年弯路

年薪 20 万，本书正提供

——《毕业了，我们一无所有》(湖南文艺出版社 2012 年 3 月版)

编客解析

其实早在 2006 年，一草就出版过这本小说《毕业了，我们一无所有》，当时并没有太大的动静。到 2011 年，该书版权到期，昔日的小作者一草已经是知名的出版人，就把这本书拿过来，按照自己的想法重新做了一遍，很快有了 10 多万册的销量。

当然，畅销的原因是多方面的，但我和一草都以为，这个封面文案起到了重要的作用。

读这本书，毕业后就能少走五年弯路，就能得年薪 20 万的方法途径。这个文案，把一本青春小说变成了一本职业规划书，让小说具有了实用价值，读者自然愿意为它买单。

我们得承认，对于读者来说，绝大多数图书都是可买可不买的。撰写一个凸显实用价值的文案，就是给读者提供一个必须购买的理由。

写法 6

诉诸比较

提供参照物，让读者清晰地知道自己的定位。

优案精选

《魔法师》之于《哈利·波特》

就好比一杯爱尔兰威士忌之于一杯淡茶

——《魔法师》(上海译文出版社 2013 年 1 月版)

编客解析

曾有营销专家分析过三星 Note 的营销战略，就是傍上苹果手机，总是在与苹果做对比。苹果手机市场占有率第一，Note 也很快有了较大的市场份额。

图书营销也可以用到这一招。怎样让一本新书尽快为人所知？拿它与大家都知道的书进行对比。《魔法师》在这一点做得极好。这个文案把《魔法师》与《哈利 · 波特》进行对比，可以让受众清晰地知道该书的定位，同时，把魔法师比作爱尔兰威士忌，《哈利 · 波特》比作淡茶，还隐含着“《魔法师》比《哈利 · 波特》更过瘾”之意。乔治 · 马丁不愧是大家，他撰写的这个文案真是极其优秀，值得出版人学习。

不过，这个文案应该是直译过来的，更容易让国人接受的句子可能是：“如果说《哈利 · 波特》是一杯淡茶，那么《魔法师》就是一杯美酒。”

写法 7

诉诸故事

人的大脑，就是一台天然的故事接收器。

优案精选

2007 年 10 月 15 日，作者在巴黎结束了自己年仅 42 岁的生命。这一天距离他把本书的书稿交给出版社的日子，只有 10 天。

——《自杀》(上海人民出版社 2013 年 1 月版)

编客解析

爱德华·勒维写的一本小说叫《自杀》，他在把书稿交给出版社 10 天后自杀了。这是一个悲伤的故事，但它依然是个好故事。这个故事会强烈地吸引读者，并且给读者一个悬念：作者为什么会自杀？这个悬念会诱惑读者打开这本书，读下去，寻找谜底。

是的，人的大脑就是一台天然的故事接收器。对于故事，我们是没有免疫力的。在广告行业，也把好故事作为优秀文案的标准。好故事既能抓人，也能自动传播。

需要注意的是，封面文案因为字数不能太多，所以故事一定要精短；同时要留有悬念，这样才能激发读者的好奇心。

写法 8

诉诸有趣

幽默是一种力量。

优案精选

曹操去世 1791 年来，曹操本人最服气的曹操全传

——《卑鄙的圣人曹操》（江苏文艺出版社 2011 年 6 月版）

编客解析

在微博上，我们可以看到，特别受关注的、转发量特别高的微博，往往是一些笑话、段子。是的，我们都喜欢幽默的东西。写一条有趣的文案，让人看了就会心一笑或是开怀大笑，最容易缓解气氛，拉近心理距离，让人接受你的产品。

“曹操去世 1791 年来，曹操本人最服气的曹操全传”，就是一个有趣的文案。已经去世 1791 年的曹操，怎能对自己的传记

发表意见？但它就硬是说，这是“曹操最服气的曹操全传”，你明知道它是荒谬的，却也不由不笑，并且可能与朋友分享，一起笑一笑。编辑的目的就达到了。

写法 9

诉诸共情

针对女性和青少年的读物更应该共情。

优案精选

每个女孩年轻时都会遇到这样一个男孩——他不会甜言蜜语，他幼稚得可笑，他卑贱地爱你却得不到你的心。

那时，他什么都没有，唯一有的，就是百分百爱你的心。

——《遇见你，在我最美的年华》（百花洲文艺出版社 2013 年 8 月版）

编客解析

按照需要层次理论，精神和心理上的需要总是高于基本生理需要的，消费需要也是如此。也就是说，从消费模式上看，感性消费的层次远远高于理性消费。

那么撰写文案时，就需要寻找最有可能引发读者共鸣的那个点，从而激发读者的情绪，以穿透理性，到达感性层面。

针对女性和青少年的读物更应该如此。女性和青少年共同的特点是不理性消费，容易引发共情，所以针对此类读物撰写文案时，更应该使用优美的文字，突出细腻的情感，以引发共情效果。

《遇见你，在我最美的年华》是一本爱情小说，它的文案撰写就突出了这一特点。

写法 10

诉诸简洁

文案写得越多，越说明编辑抓不住重点。

优案精选

毕业两年就买房

80后小夫妻购房记

——《房的事儿》（重庆出版社2011年7月版）

编客解析

我们常常看到这样的现象：封面文案越来越多，封面上印了，腰封上还有，甚至会密密麻麻几百字，这样的文案往往就是失败的。写得越多，就越说明编辑抓不住重点，只好尽可能堆砌文字。须知，你在封面上放的元素越多，就越会分散受众的注意力，你最重要的、应该重点呈现的部分容易被“淹没”，效果反而不好。

我们的建议是：多做减法。如果书名足够，可能就不需要其他封面文案。如果必须做封面文案，也应该尽量简洁有力，而非长篇大论。

《房的事儿》的文案，只有短短十几个字，却很有诱惑力。一对 80 后小夫妻，毕业后只用了两年就买了房，这在房价高企、人人望房兴叹的当下，绝对够特别，能吸引人。

当然可以更简洁些。比如去掉“80 后小夫妻购房记”，只留下“毕业两年就买房”，核心的部分仍在。在封面设计时将这行文案做放大处理会更好一些。

Chapter 9

第九章

图书7大渠道对图书产品的影响

未来的出版将是一个下游推动上游的过程。下游就是渠道和销售终端，上游就是内容生产。图书销售形式呈现出更多变化，渠道开始不断细分，新华书店、网店之外，机场和高铁店、商超、馆配、旗舰店、直销、团购等渠道越来越重要。不同的渠道，所需要的图书不尽相同，呈现形式也不尽相同。出版方需要及时了解不同渠道的需求，生产出相应的产品，才能保证销量。

本章对目前较为主流的7种渠道进行梳理，力求澄清不同渠道的销售特点及对图书产品的不同需求。必须说明的是，这些梳理并不能涵盖所有渠道，有些鲜为人知的特殊渠道，也可能产生十几万、上百万的销量，但限于篇幅，无法在本书中一一剖析，以后有机会或可再行介绍。

渠道 1

地面店大卖场

主要指新华书店，以及部分规模较大的民营书店。其主要特色是，卖场面积较大，图书品种较多，通常会有十几万、几十万种图书。因其面积大、品种多，所以很难实现精准管理，只能对少量图书进行重点推荐。

这种大卖场式的地面店，符合传统的“不精准”购书习惯。绝大多数读者到书店购书，都是没有太明确目的性的，随意性较强，可能会发现、购买自己此前根本不知道的或者无意购买的图书。所以做了码堆、海报、平封展示的图书很容易被发现并形成购买。有些书店会有销售排行榜，上榜图书也容易被购买。

就图书本身而言，开本较大的图书、封面设计很出彩的图书，会比较容易被发现。因为货架展示的缘故，把书名设计在封面下方不是个好主意，因为很容易被货架挡上。绝大多数图书无法展示平封，只能竖插在架子上露出书脊，因此在设计书脊时，作者和书名的字号尽可能大一些是占便宜的。

地面店还有个特点，即购买的及时性与交互性。及时性指看上某本书可以及时购买；交互性则是指地面店为文化活动提供了一个场所。举办作者签售会、新书发布会、读者见面会等各种活动，也成为大众图书销售的一个补充。

通常来说，网店购书对象比较年轻，而到地面店购书的群体，老年人、青少年更多。由父母或爷爷奶奶带着孩子到实体书店购书是一大特色。相对应的是，实体店少儿、教育教辅类图书会比较畅销，养生健康类、时政类销量也不错。这两类图书，在周末及节假日销量会有较大增长。

地面店，读者会对图书有一个最直接的印象，通常会把图书拿到手里，翻阅后再做决定是否购买。所以，性价比较高、内容优良、品质较高的图书容易形成购买；同时塑封起来的图书因为不便于读者翻阅，不大受欢迎。

出于经济利益考量，大卖场式的地面店对于品牌认知度高、能产生高效益的图书会青眼有加。出版机构如能出版系列优质图书，形成品牌，自是大有裨益。

大卖场式地面店好销的书，以大众畅销类图书为主。小众、专业的书进货量小，很难有好的展示位，不容易形成好销量。

渠道 2

网店大卖场

网店其实也是大卖场。以当当、卓越、京东为代表的网店，虽然各自对图书选购有所侧重，但整体来说，也都是全品种采购，有几十万个品种是很正常的。

与地面店一样，排行榜、推荐位对图书销量影响巨大。大众畅销书在网店依然是宠儿。

与地面店不同的是，读者在网上购书，因无法零距离接触实体书，所以对开本大小、性价比、印刷纸张等并不敏感，却对折扣率极度敏感。换言之，侧重于网店销售的图书，定价可以适度偏高，折扣则要尽量低。

除排行榜、推荐位外，网店购书几乎纯靠搜索。关键词就显得非常重要。制作文案时，在书名、文案里嵌入相应的关键词，或当前热搜词，有利于读者发现图书，形成购买。

要针对网店容量制作文案。网店图书标题区约可展示六七十字，内容介绍区则可展示100字。如果相关内容太多（容纳不了）或太少（信息量不够），都不容易形成购买。

读者在网店购书无法翻阅图书，但有相应的在线试读章节，编辑务必精选出最优质的、最能激发读者好奇心和购买欲的内容。

网店呈现图书封面较小，所以与实体店相比，专供网店的图书书名要放大一些。以书名缩小至方寸仍能清晰地看到书名为好。据当当内部人士透露，立体封比平封视觉冲击性更强，也就更容易形成订单。

在网店买书时，由于无法充分了解图书内容，容易买错。相应地，读者会更信赖品牌，一些优秀的出版社或出版机构的书，一些形成品牌的书系，会吸引读者重复购买。作者品牌更是形成购买的重要理由。

与地面店相比，网店的互动性会更强。读者与读者之间、读者与作者之间、读者与编辑之间，都可通过评论、留言形成互动。这些互动都有利于形成购买。通常来说，评论较多的书，会更有利于形成购买，哪怕这些评论并非完全是正面的。出版机构要做的只是进行维护，别让前一两页出现太多负面评论即可。

就目前而言，网店购书的主力是年轻人。如果是给中老年人看的书比如养生健康类图书，则要在文案上下功夫，说服年轻人买来送给父母。

当前网购主力是一二线城市，未来会进一步发展到三四线城市。这个趋势，也值得出版人关注。

专供网店的图书，最好有塑封，以免增加损耗。

渠道 3

官方旗舰店

颇有些出版机构开通了自己的官方旗舰店，但打理得好的并不多。因为旗舰店也是网店，与当当、卓越、京东这类网店大卖场构成竞争关系，在品种上，官方旗舰店品种完全无法与网店大卖场相比，能有七八千个品种已经很了不起了。图书单品利润较低，而官方旗舰店运营成本较高，卖书往往是赔本赚吆喝。

官方旗舰店也有其独特的优势，运营好了是有益的补充。根据广西师范大学出版社的旗舰店运营经验，适合在旗舰店上出售的图书大概有这么几类：

大码洋、小印量的图书。这类书利润通常较高，又因为印量较小，不能全渠道铺货，在旗舰店上销售就是最佳选择。甚至有些印量很小的图书，只在旗舰店上销售就足够了。

热销品种。畅销书在绝大多数渠道都受欢迎，旗舰店也不例外。由于网店大卖场通常会打折销售，旗舰店最好避开价格火拼。提供差异化经营就是条出路。比如提供独家签名本、毛边本、珍藏本、海报、藏书票、书签等。

消化老旧图书。经销商往往重视新书，忽视旧书。官方旗舰店则可以照顾到所有的产品，市面上热销期已经过去的书，在官方旗舰店上推一推，照样能够热销。甚至有些十年以上的书也还在卖。这也是消化良性库存的好方法。

渠道 4

机场、高铁书店

机场书店是随着市场经济的不断发展延伸出来的新型销售渠道。2005 年开始机场渠道得到了大规模的发展，2009 年从之前的各自为政变成了连锁经营，有实力的大公司都纷纷开展跨区域拓展经营。

机场书店通常被看作“贵族渠道”。它的主流读者是商务人士、企事业管理层、高级知识分子，收入水平和阅读层次都比较高。所以，机场书店最受欢迎的图书是管理、财经、政治、传记、收藏、建筑、心理、旅游、少儿等大众社科类图书，对图书品质要求较高。大众畅销书也很受机场书店的欢迎。地方文化类图书在相关机场书店销量也不错。

由于运营成本较高，机场书店较为欢迎定价偏高的图书，定价上百的图书比比皆是。有些图书可以提供衍生品，如音像制品、笔墨纸砚甚至家具收藏的图书，定价更是上千、上万。一些轻阅读的、阅后即弃的图书也很受欢迎，这类书定价就需要低一些。

机场书店由于店面的限制，能开展的活动形式不多。比如打折促销不受欢迎，灯箱广告费用较高不适合单本书的宣传。由于机场运营成本提高，会不断地压低供应商的发货折扣，导致出版社没有足够的空间去开展一些促销活动。但是机场书店能够起到良好的形象宣传，所以跟机场书店合作还是值得的。

机场书店是全价销售，读者选购产品更加谨慎。针对这样的特殊渠道有一些附加的元素，比如赠品、提供电子试读链接、二维码等，会提高读者购买率。

需要注意的是，不同的机场书店由于规模的差异、地域的差异，会对产品的需求产生影响，所以不是每本书都可以做到全渠道铺货。近些年来，乘飞机出行不再是高端人群的专利，经济条件稍好一些人也都习惯坐飞机出行。相应地，机场书店在购书方面也在进行调整，增加大众图书与文化层次较高的图书的采购。某些机场书店甚至开始销售诗集。

高铁书店与机场书店情况大致相似，但乘客成分相对比较复杂，不只是高端人士，大学生、老年人也会选择高铁出行。所以高铁书店会增加大众图书的品种，如养生健康、菜谱、青春读物等。

渠道 5

商超渠道

无论是商场、超市，还是便利店、校园周边店等，由于经营的商品种类繁多，寸土寸金，而且图书收入在店面的总销售额中所占的比例不大（以家乐福超市为例，只占 0.3%—0.5%），所以很难为图书提供面积较大的营业场地。大型商超中图书专区的面积一般以五六十平方米居多，超过 100 平方米的较少。所购图书主要有生活休闲类、少儿类、经管类、工具书四大类别，实用和休闲是商超图书的显著特点。商超图书的进货折扣都比较低，大多数是四五折。作为商战手段，商超图书在销售时基本上都会打折，尤其是配合店庆、节庆等活动时，打折会更厉害，有时甚至会赔本赚吆喝。如果出版社直接与商超对接，还要考虑高昂的进场费以及返点费等多项费用。但商超回款有保证，结账周期多为三四个月，比其他书店要短很多。

老百姓去商超、便利店等的主要目的是购买生活用品，以中老年人、女性居多。他们讲究生活品质和实用性。所以商超图书通常性价比较高，且主要集中在社科、文艺、健康与饮食、儿童读物、百科、家庭教育、经管励志类图书和工具书方面，其中前四者更加畅销。有数据表明，具有有效商业出版价值（全国年销量 8000 册以上，能够实现保本、盈利）的图书中，生活类品种非常明显地集中在饮食和大众健康方面；社科类品种大多集中在社科综合、地理、经济方面；少儿类品种大多集中在少儿文学和低幼启蒙；小说、青春文学和散杂文占据了近 80% 的文学类有效商业出版价值图书的市场。可以说具有有效商业出版价值的图书品种占比非常小，但是贡献的销售码洋却很大。

为了能够适销对路，业内引入了“定向出版”的概念。新华文轩出版传媒股份有限公司总经理罗勇十分强调定向出版，指出图书发行渠道在向商场、超市、便利店、药店等新业态拓展时，要针对商超消费环境，专门定向编辑出版适合商超读者阅读、购买的超市图书，如家庭保健、宠物养育、素质提升等。新华文轩通过旗下的 13 家平台内出版社针对细分市场推出了一系列定向出版的图书，取得了不错的业绩。

在图书产品严重同质化、商业出版竞争愈演愈烈的今天，出版商超图书时要注意内容简练通俗、体裁新颖独特、图片运用恰当。内容决定寿命，形态决定生死。商超图书的特点决定了图书出版还要在形态上下功夫，如开本设计独特（采用异型本）、封面颜色鲜艳、导读诱人、纸张轻便环保、排版富于变化等，以激发顾客的购买欲望。

馆配渠道

大致说来，馆配分为三个类型：大中专院校馆配、中小学馆配和农家书屋。这三种类型的馆配各有不同的特点和要求。如大中专院校馆配对品质把关较严，选购品种偏于社科、文艺、人文读物，同时希望尽可能采集到品种齐全、学术价值高、专业性强，能真正满足高校教学科研需求的图书；中小学馆配则同质化比较严重，同时由于没有教育机构的硬性规定，在采购方面相对比较混乱；农家书屋则更多地采购与农村生活有关的书籍，如果树种植、畜牧养殖等。

整体来说，这三类馆配都具有共同特点：采购的复本量少、品种多，量大；折扣偏低，利润较薄；对开本、用纸、定价往往有明确要求，甚至细化到页面的字数及正文用的字体字号；对附加服务要求比较高，有些图书馆甚至要求提供一条龙服务，要求经销商做好入库、贴码甚至上架工作。

鉴于以上特点，单独的出版机构往往很难完成馆配任务，需要专门馆配商来进行调剂。针对馆配渠道的书，需要针对馆配需求生产，最好在某个类别有较多品种。套书也比较受欢迎，因为零碎地扫码比较麻烦。

渠道 7

特殊渠道

以上 6 种是相对大众化的渠道，此外还有一些特殊的渠道，各有特点：

系统渠道。如教材教辅、公务员培训教材、专项资格证考试教材等，需求量大而稳定。需要与特定部门、特定人物进行充分沟通。

企事业定制。企事业单位的形象宣传书或内部培训书，通常需要针对客户需求生产，装帧设计多用客户的宣传画或领导肖像，有鲜明的企事业风格。

培训团购。培训师的讲课资料整理成书，出版后，再利用培训师的人脉进行团购。销量主要以培训师的影响力而定。需求量很大。不仅可以单本团购，还可以做套装。

直销渠道。大部头高码洋的专业书适合直销。适合的品种有建筑、设计、艺术、文献、育儿等，点对点或电话直销都是常见形式。最重要的是对用户需求有充分的了解。

行业渠道。如通过花店卖植物类和园艺、插花类的图书，母婴专卖店卖育儿类图书，名犬养殖场卖名犬珍藏图鉴，旅游点卖旅游书，古玩市场卖收藏书，还有某种主题咖啡馆的沙龙售卖高品位文艺图书等。此类图书需要有较高品质，装帧设计精美，售价也会高于普通渠道。通常有较大数量且稳定的销量。

独立书店。不同于大卖场式的地面店，独立书店对特定人群有比较精准的供给。不同的独立书店有不同的定位，会锁定特定人群经营，所选书也有各自标准。

其他渠道。包括报刊亭、邮局订购渠道，飞机、火车上等交通工具渠道、各式展会渠道（包括校园促销、社区销售）、企业团购渠道、海外渠道、明星粉丝团渠道、书友会和读书会渠道等。从更大范围来讲，也可以把互联网看作一个渠道，通过互联网把小众聚集起来，变成相对的大众。一些图书可以先在互联网上预售，有了一定的征订量，再去印刷出版。

[后记]

我不是一个人在“战斗”

李鲆

我得说实话，对于出版，我其实是个外行。

因为在《中国编客》上做了一些关于出版，特别是关于畅销书的策划，受到业内的肯定，于是陆续有一些出版社邀请我去做讲座。老实说我是有些心虚的。因为我并不是科班出身，也没有做过编辑实务。一个只在纸上谈过兵的人，去教有实际经验的人如何做出版——这事儿，想想都觉得不靠谱。

最终我还是硬着头皮接受了邀请，因为我认真分析了一下，我起码在两个方面，应该是有优势的。

第一，我是用传播和营销的视角来观察书业、分析图书制作的，而绝大多数编辑的视角，则是基于内容的。这两个不同的视角，互相碰撞、补充，应该能带来一些新的启发。

第二，我不是一个人在“战斗”。《中国图书商报》是当代中国书业界信息量最大的商业传媒，是业内最好的报纸之一。我在这里，编《中国编客》专刊，主持每月一次的“编客学堂”讲座，有幸与诸多出版大家接触，从他们那里学到了很多东西。我在《中国编客》上做的策划也好，应邀到出版社做讲座也好，其实都是“集体智慧的结晶”。

还有一个使我接受邀请的原因是我的职业道德。《中国编客》是面向广大出版编辑的，我们力图把它办成一份能给编辑们提供营养的专刊——说得狂妄一点，就是“指导，而非报道”。而要做到这一点，编辑自己起码应该是“半个内行”。编辑不能只坐在办公室里编稿子，还应该走出去接受检验，与广大一线编辑面对面交流，看看自己是否真正知道他们的困惑和所需，看看自己所做的是否真的是他们所想要的，以及还有什么错误和改进之处。

先后到十多家出版社做了讲座，每做完一场，我的信心就增加一点。在许多出版社，不只是一线编辑，甚至总编、社长都会亲自来听讲座，积极互动，并给予极高的评价。我并不是个特别有自信的人，我需要在不断的肯定中，进一步明确方向，坚定信心。与编辑们面对面的交流，最直接的反馈，我越来越觉得，《中国编客》的方向和切入点是正确的，而自己对书业的观察和思考是有用的。

身为一个爱岗敬业的人，没有什么比这些更让人兴奋与自豪了。

《畅销书浅规则》里的部分章节，在《中国编客》上发表过。我根据各方的反馈做了一些修订，又增加了一些必要的章节，便是摆在您面前的这本书。

我个人总结，它有这么几个特点：

第一，营销视角。营销并不是图书制作完成后的推广宣传，而应该贯穿出版的整个过程，每一个环节、每一个细节都应该考虑到营销需要。李国靖先生在给本书写推荐语时说“产品设计才是第一营销”，可谓一语道破天机。

第二，关注细节。出版固然是一门艺术，但这门艺术也是由技术支撑，由细节组成的。我不喜欢空谈理论，更愿意关注细节，从小切口进入做大文章，把细节做到极致。

第三，实操性强。我希望这本书是有实用价值的，看了就有用，就能照方抓药。或者说，我在力图制作一个“行业规范”，未必所有的人、所有的书都要按照这个规范来操作，但是起码 95% 的书按此规范制作，就不会出现偏差，就能规避许多错误。

这是我个人的野心，实际效果如何，还有待各位的检验。

必须感谢许多人。

各位出版大家、优秀出版人：白冰、俞晓群、要力石、金丽红、杨文轩、沈浩波、华楠，以及何醒、李国靖、陆新之、王焰、许西安、李克、翁容、麦小麦……感谢你们给予我的支持和鼓励。还有更多接受过我采访的、给过我启发的优秀出版人，恕我不能一一列出你们的名字了，一并致谢。

我的领导和同事 :《中国图书商报》的社长、总编兼党委书记孙月沐先生，他是一位真正懂业务的领导，他总是能发现那些策划里的闪光点，及时肯定 ; 同时指出不足之处，指明方向。我的直接领导张维特，一位有人格魅力的人，他给予了我最大的空间和支持，使我觉得能在这里工作是一种幸运。我的同事潘启雯，我们很多年前就因为写作而相识，后来他介绍我到《中国图书商报》来工作，如果没有他，就不大可能有这本书。当然还有其他给予我支持帮助的同事，也一并致谢。

2012 年 10 月

[附录]

答大佳网记者问

为什么是浅规则而非潜规则？

我们都知道潜规则是吴思先生首创的一个概念，是指看不见的、没有明文规定的，却又是约定俗成的、起实际作用的、必须遵循的、私下的规则。浅规则，应该是我新创的一个概念吧。所谓浅规则，就是浅显的、公开的规则，可以明白说出来的、简洁明确的规则，能够做到一看就懂，一看就能用。

举例：封面的浅规则。

如果你不知道用什么颜色，选择暖色调永远没有错。畅销书封面颜色，应该是永远的红和白。

如果你不知道把书名放在什么位置，那么把书名往上放，黄金分割点位置，或稍偏上一点，永远没有错。放到其他地方，则需要理由。

如果你不知道用什么字体，印刷体永远没有错。手写体只适合小众书或大家书。

如果你不知道用什么字号，往大了做永远没有错。你甚至可以把一本书封面的三分之二用来放书名。

如果你不知道书名该不该变体，该不该折行，那么不要变体，不要折行，不会有大错。

这些都是浅规则。

这本书有什么特点？

浅显易懂当然是主要特点。除此之外，还有四个特点：

1. 营销视角。传统出版编辑更多地关注内容，营销视角将是有益的补充。甚至，营销是未来书业最大的提升空间。我自己做过营销和公关。

2. 集体智慧。吸取了许多出版大家如白冰、金丽红、杨文轩、华楠、陈颖青，以及其他行业如大卫·奥格威的智慧。

3. 关注细节。切口小，一个月时间做一个策划，这个策划可能是封面，可能是腰封，我就用差不多一个月时间来打资料，采访，踏踏实实把每个细节做好。

4. 注重实操。拿来就能用。出版是内容为王还是渠道为王，应该做文化还是走商业，这些东西我都不讨论，不争辩，我只说实打实的东西。我这本书就是讲畅销书的，我就写怎样才能做出畅销书来，畅销书是好是坏，有哪些利有哪些弊，我都不讨论。打个比方，我给你一把刀，你用来切菜、剁肉，甚至杀人，这是你的事，我只负责把它打造得锋利、顺手、好用。

在这本书里，你提出了一个畅销书的“3214 法则”，能详细说一下吗？

一本书能否畅销，除不可测因素外，作者（或主人公）的知名度占 30%，主题（写的是什么）占 20%，品质（写得怎么样）占 10%，另外 40% 是出版商的策划营销功力。

这就是畅销书的“3214 法则”。

有一种观念，畅销书是不可测、不可控的，对此你怎么看？

“畅销书不可测论”是一种很流行的观点，甚至一些出版大家，如伊珂出版社总裁丹尼尔·哈尔彭也说：“除了少数极为明显、极易判断的作品之外，出版界的人从来就无法事先知道哪一本书会大卖，哪一本书会赔得很惨。一本质量上乘的好小说，可能只卖出 7500 本，也可能售出 75000 本都说不定。”

不过也有个事实是，绝大多数畅销书，总是出自少数人之手。国内的，白冰、金丽红与黎波组合、杨文轩、华楠，都出了很多畅销书。怎么解释？是他们运气好吗？

美国有位作家叫尼古拉斯·斯帕克斯，他是个很有意思的人物。他通过分析畅销书榜，规划自己的写作方向，最终使自己成为畅销书作家。

他用了很长时间去观察《今日美国》的前50名畅销书榜，得出了两个重要结论：

第一，上榜的重要原因是作家的名字，即知名度越高的作家越容易上榜；

第二，每个图书类型都可以细分为次类型，比如惊悚小说可细分为法律惊悚、科技惊悚等，而每个次类型，通常会有三位著名作家上榜。

随后，他惊喜地发现，在爱情故事这个领域居然还没有形成三巨头，只有罗伯特·詹姆斯·沃勒一个人在写。

于是，他以自己太太家族的一个真实故事为蓝本，写出了《手札情缘》，一炮打响，由此跻身畅销书作家之列。

随后，他又写出了《忠实信徒》《瓶中信》《流星初恋》《第一眼》等畅销小说，几乎所有作品都被好莱坞改编成电影，且拥有多国译本。他也因此成为美国最著名的浪漫小说作家，被称为美国“纯爱小说教父”“纯爱小说天王”。

那么，看了这本书，就能保证做出畅销书来吗？

回答这个问题之前，首先要明确畅销书的定义。畅销书分为两类，即狭义的和广义的畅销书。狭义的畅销书，通常是指能卖到五万册以上的图书，要力石先生给出的定义是："通常认为，一年内累积发行 5 万册左右的是一般畅销书，20 万册以上是比较畅销书，达到 50 万册或者 100 万册的是超级畅销书。"不过现在通常卖到 3 万册，我们也就认为它是畅销书了。广义的畅销书，美国《不列颠百科全书》（国际中文版）对畅销书是这样解释的：一个时期内，在同类书的销量中居于领先地位的书，作为表明公众的文学趣味和评价的一种标志。也就是说，不管你最终销量是多少，只要在同类书的销量中领先，就是畅销书。如果同类书销量正常只有三五千册，而你能销到一万册，那就是当之无愧的畅销书。井狩春男甚至有另一个定义：不论印量多少，只要出版社能把书卖给"想要阅读"或者"应该需要阅读"的读者，即使该书印量不多，只要能全部卖出，一本不剩，那这本书就是畅销书。

我们在这本书里谈到的畅销书，兼顾狭义和广义。

其次，畅销书制作，或者说出版，是一个很长的链条，有各个环节，某个环节出了问题，你就很难畅销。或者说木桶，短板决定容量，但你往长板这块倾斜些，也能增加容量。当然，比喻都是蹩脚的。

结论，照此书去做，未必就一定能做出畅销书，但可以防止把有畅销书潜质的书给做死，能够增加做出畅销书的可能性。

有些畅销书并不符合你这本书里的规则，对此你怎么看？

有四个原因。

1. 它在某一方面很强大，一俊遮百丑。比如《哈利·波特》这个书名，并不符合畅销书书名的标准。

2. 某个细分市场空缺。20 世纪 80 年代乡镇企业做什么都能卖，现在粗放经营就不行。90 年代有些书做得很糙，却很畅销，现在做成那样子，根本就卖不掉。

3. 95% 理论。

4. 当然，我自己的总结归纳也是有漏洞的，并不够完全。

有 20 位出版名人推荐，怎么来的？会不会觉得太多，太恶俗？

其实没有太刻意去找，基本都是水到渠成的事。

其实并不全是推荐人自己写的。我们都是业内人士，就说实话，让推荐人看完一本书，给你写几百字推荐，这个对他们太残忍了。所以这些推荐语来源有三种：

1. 整理。我到哪个出版社讲过课，然后他们可能有微博反馈，我就拿过来整理一下。

2. 代拟。跟推荐人有过交流，代拟个推荐出来，请他确定。

3. 推荐者自己写，如李国靖。

为什么要这么多名人推荐？诉诸权威法则。兼诉诸群众法则。

因为时间和精力限制，没有弄出百位名人推荐的噱头来。

名人推荐要放在腰封上。

为什么会写这本书？

这本书其实是个副产品。

首先我自己是个码字的，出过八九本书，勉强也能算个作家吧。身为一个热爱名利的大龄未红男作家，我有几种选择：1. 畅销无望，罢手不写。2. 只问耕耘，莫问收获。3. 一边写下去，一边琢磨怎样畅销。我选择了第三种。

其次，我去了《中国图书商报》以后，开始做《中国编客》，这是一份针对出版编辑的专刊，目前是一个月一期。然后我就开始系统地琢磨出版编辑们到底欠缺些什么，到底需要些什么。然后我又组织了一个“编客学堂”的培训活动，跟诸位出版大家交流，偷师学习了不少东西。最终有了这本书。

2013 年 2 月

参考书目

《这书要卖 100 万：畅销书经验法则 100 招》，[日] 井狩春男著，邱振瑞译，广西师范大学出版社 2005 年 1 月版

《30 年中国畅销书史》，孙月沐、伍旭升编，中国对外翻译出版公司 2009 年 1 月版

《畅销书》，[美] 奥莉维亚 · 戈德史密斯著，大众文化出版社 1988 年 9 月版

《畅销书的故事》，迈克尔 · 科达著，卓妙容译，中国人民大学出版社 2006 年 12 月版

《老猫学出版》，陈颖青著，浙江大学出版社 2012 年 1 月版

《出版大冒险》，[日] 长冈义幸著，甄西译，国际文化出版公司 2006 年 6 月版

《谁在畅销》，陆梅著，学林出版社 2003 年 4 月版

《出版策划》，宫承波、要力石主编，中国广播电视出版社2007年8月版

《畅销书策划88法》，要力石著，新华出版社2009年8月版

《市场营销》，[美]菲利普·科特勒、加里·阿姆斯特朗著，俞利军译，华夏出版社2003年1月版

《为赢利而出版》，[美]托马斯·沃尔著，杨贵山译，中国人民大学出版社2005年6月版

《做书店》，徐冲著，广西师范大学2011年4月版

《我爱做书店》，徐智明、高智宏著，中信出版社2010年1月版

《书籍装帧》，邓中和著，中国青年出版社2004年12月版

《一个广告人的自白》，大卫·奥格威著，中信出版社2010年7月版